漢字を極める!

古文書解読さとはじめ

古文書解読検定協会代表理事
小林正博

柏書房

はじめに

古文書を勉強している人は、きちんとこの文字を〝こもんじょ〟と読みますが、その他の人は〝こぶんしょ〟と読んでしまいます。「古文書」を〝こもんじょ〟と読めるかどうかで、経験者か未経験者かがわかってしまうのかもしれません。

また、「古文書」とは単に江戸時代以前に書かれた手書きの古い文書のことだと思っている人がけっこういますが、厳密に言うと正しくありません。歴史学では、古い文献を主に、「古文書」と「古記録」に分けます。この分け方によると、特定の相手なしに書かれた「古記録」に対して、「古文書」は差出人と受取人が明確であり、差出人の意思を相手に伝えるために作成された文字史料に限られるのです。

お堅い学問的な定義はそうなっているとしても、やはり「古文書」は現代表記によらない「古い文書」の意味で一般的には通っているようです。江戸時代以前はもちろんですが、明治・大正・昭和の二〇年までの戦前の文書も、すでに時代の経過の中で「古文書」として扱われるようになっています。

「古文書」は貴重な歴史・文化遺産であることは間違いないのですが、現代人からは疎遠になりつつあります。特に現代では使われていない「ひらがな」や「漢字」が多く出てくる上に、その見慣れない文字がさらにくずされた字形で書かれているので、まったく読めずにお手上げで敬遠されがちな存在なのかもしれません。

しかし、古文書は古いけれども、「漢字」と「ひらがな」で書かれた日本語です。ですから今使われている「漢字」と「ひらがな」の知識を基本にして、応用発展させれば、必ず読めるようになるはずです。

これまでにも古文書の学習本はたくさん出版され、本屋さんにも並んでいますが、どれを選んだらいいのか迷うところです。

それを踏まえて、本書では「効率よく確かな解読のための攻略法を具体的に提示する学習書」をテーマに準備を進めてきました。そしてその編集方針にしたがって「漢字解読攻略法」を提案し、解読力がアップし、読めることとの楽しさを実感していただける一助になるものとして作ることになりました。

「漢字解読攻略法」は、膨大な漢字群を次の五項目に分けて、漢字のくずしの字形を覚えることができるように工夫しています。

単漢字のくずしを押さえる…………単純なくずし字からなる漢字

特殊文字の表記法を知る…………右寄せして小字にする助詞と踊り字

頻出漢字のくずしに慣れる…………常用表現で使われる漢字
異体字・旧字を覚える………………現代の常用漢字にはない字形の漢字
部首から推測する…………………偏旁冠脚のくずしの字形

本書では最初の四項目を第一章「漢字を分類して覚える」で解説し、五番目の部首については、第二章「部首による漢字解読攻略法」として編集しました。そして、知識の確認のために第三章を実践的な演習問題として構成しています。ぜひ、熟読して「古文書解読力」がさらに磨かれることを強くご期待申し上げます。

今回、古文書学習書では最も定評のある柏書房さんのご厚意により本書の出版が実現しました。特に筆者の度重なるくずし字分類作業に根気よくお付き合いしていただき、適切なアドバイスを頂戴し、力強く後押ししてくださった富澤凡子社長、編集の粕谷千尋さんには心より感謝申し上げます。

令和六年五月

一般社団法人 古文書解読検定協会代表理事　小林 正博

目次

第一章　漢字を分類して覚える

同じ漢字であっても、「読める字」と「読めそうな字」と「読めない字」があります。これはくずしの程度によって解読の難易が生じているからです。たとえば、

①②③はいずれも「期」ですが、①「読める字」、②「読めそうな字」、③「読めない字」ということになります。

①②③・①②③

これはどうでしょうか。答えは「路」と「貴」ですが、やはり③は難読です。

おそらく、①②のようなレベルなら古文書《こもんじょ》学習の経験がない人でもなんとか読めるでしょう。しかし、③のようなくずし字になると、経験者以外はまったく読めません。古文書に書かれている文字でやっかいなことは、同じ漢字なのにいろいろな字形で書かれているということなのです。

現代なら「期」「路」「貴」と活字表記なので読むのは簡単ですが、古文書は筆書きで、くずしの程度もまちまちなので、いろいろな「期」「路」「貴」の表記が生じるわけです。

のようなくずし字を読むためには、どんな知識が必要なのでしょうか。

本書ではこの問題意識に立って「**漢字解読五つの攻略法**」を提示しました。

なぜ、五つなのか、具体的に文書の解読を通して説明してみましょう。まず、次の文書を

読んでみてください。

この文章は明治九（一八七六）年、松谷嘉平次という人が自筆で書いた「古記録」で、題名は「足利家事件始末書」といいます。「足利家事件」というのは、明治時代初期の旧足利家の事業の経営権をめぐって起きた本家・分家の争いです。

本文のくずし字をまず読んでみてください。解読文と文意は次頁に載せています。

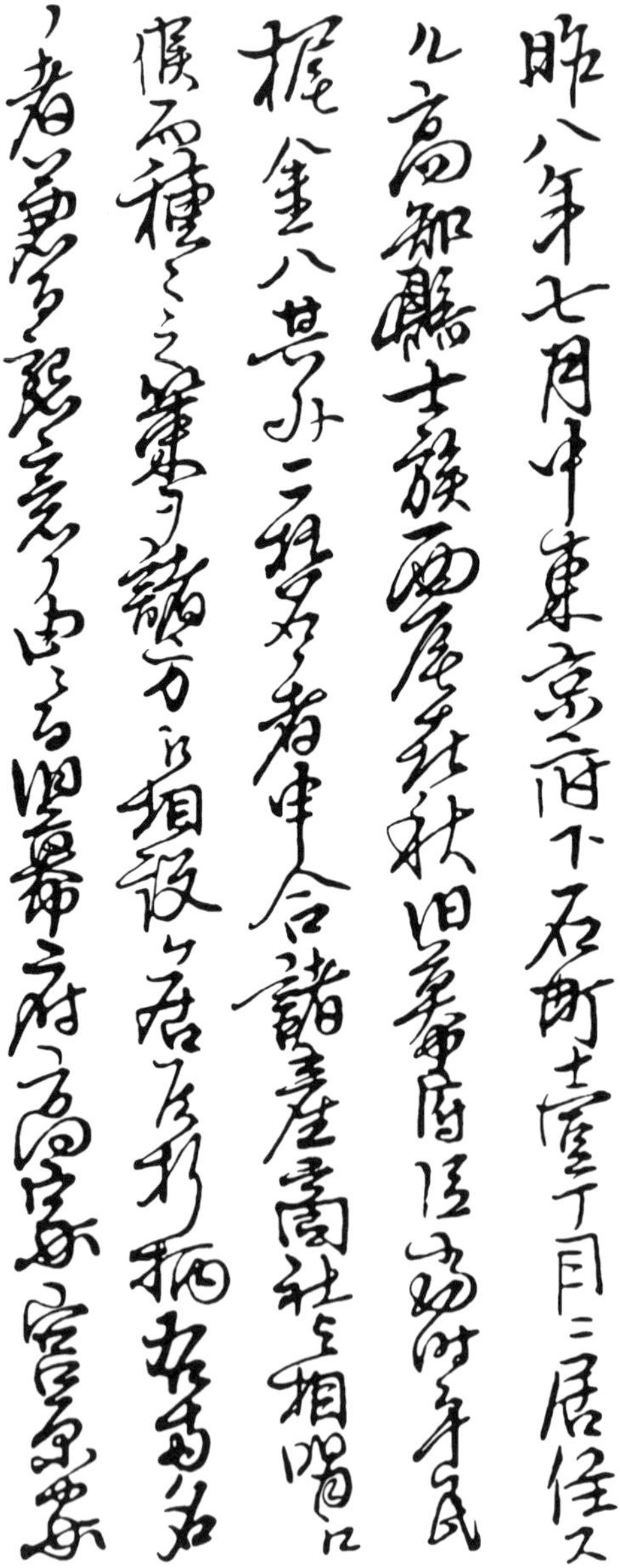

【解読文】　常用漢字で解読し、適宜ふりがなを振っています。

昨八年七月中東京府下石町壱丁目ニ居住ス
ル高知県士族西尾喜秋旧幕府臣当時平民
梶金八其外《そのほか》二拾名ノ者申合《もうしあわせ》諸産商社与相唱《あいとな》江
候而種々之策ヲ諸方江相設《あいもう》ケ居《おり》候折柄《おりから》右両名
ノ者兼《かね》而懇意ノ由《よし》ニ而旧幕府高家《こうけ》宮原家

【文意】

昨年の明治八年七月中に、東京府下の石町壱丁目に居住している高知県士族の西尾喜秋と旧幕臣で今は平民である梶金八、そのほか二〇名の者が申し合わせて、諸産商社と称して種々の経営策を諸方にめぐらしていたちょうどそのころ、右両名の者はかねて懇意ということで旧幕府の高家宮原家

ある程度わかりやすく書かれており、くずしの進んだ字形もないので古文書学習未経験の人でも、読める字が多いと思います。しかし、見慣れない漢字がけっこうあることに気が付きます。

そこで、ここでは読むのが難しそうな漢字を網掛けにしてみました。

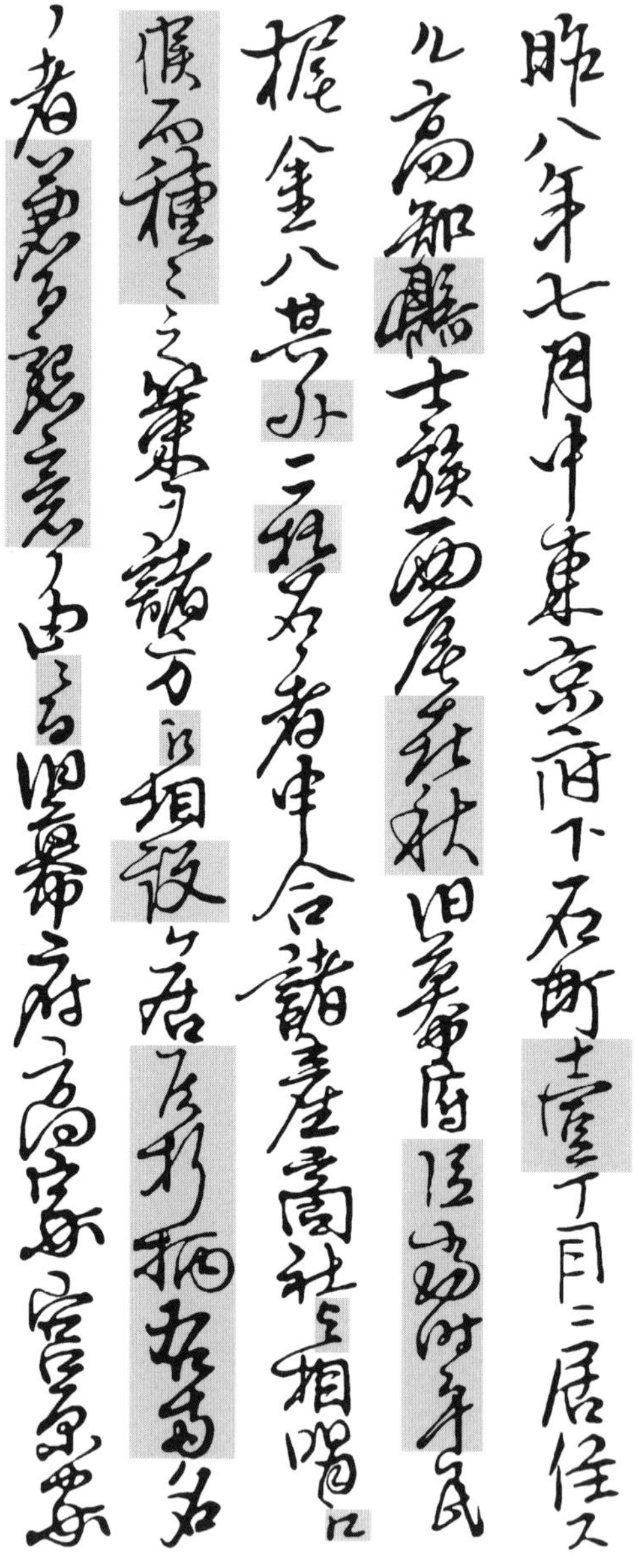

網掛けした字を行ごとに順番に並べてみると次のようになります。

一行目
二行目
三行目
四行目
五行目

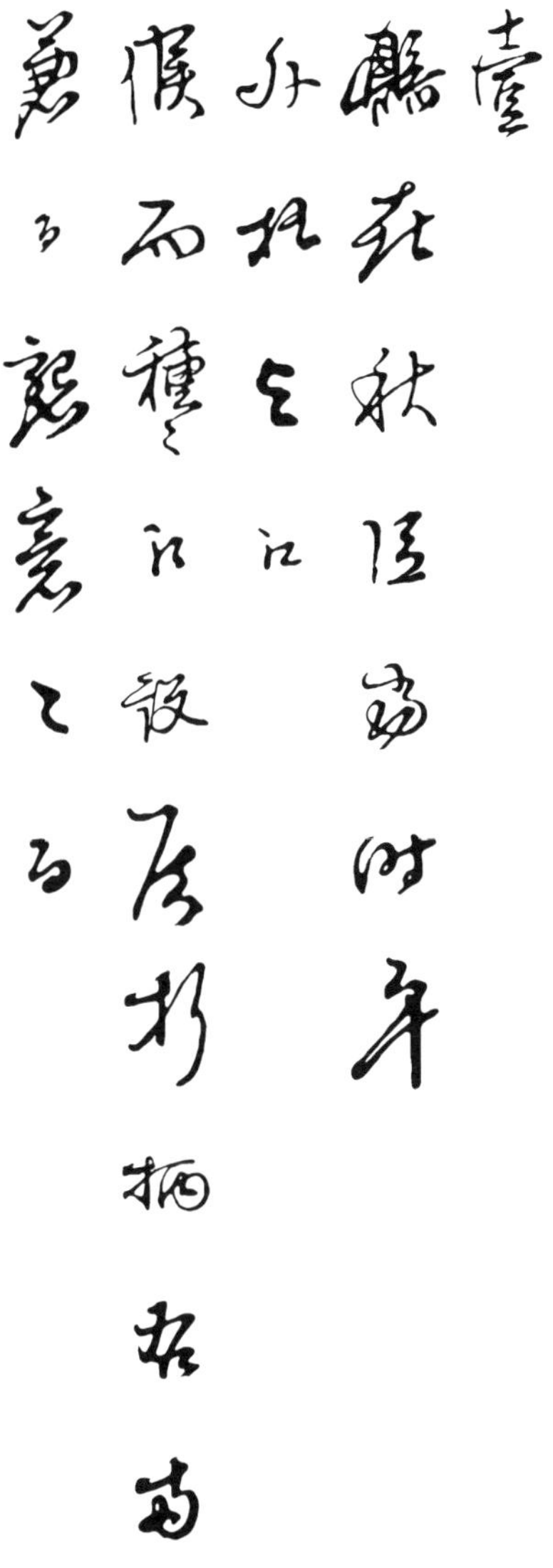

これらを解読します。

壹縣㐂秋臣當時平外拾与江候而

種々江設候折柄右両兼而懇意二而

どうでしょうか。読めた字もあったかと思いますが、読めない字だけでなく、見知らぬ漢字もあったのではないでしょうか。ここで大事なことは読めなかったくずし字をどのようにしてマスターするかです。おそらく一字一字をやみくもに覚えていく方法では、きわめて非効率的ですし、その場で覚えてもすぐに忘れてしまうでしょう。

本書では**「漢字解読五つの攻略法」**を提示し、効率のいい学習法を提案しています。

この五つの攻略法で例題のくずし字を分類すると、次のように整理できます。

単漢字　単純なくずしからなる漢字

臣　年　平　右

特殊文字　解読の際に右に寄せて小さく書く字
同じ字をくり返して書く「踊（おど）り字」

与
江　而
江　而
而
二　而

種々　種々

頻出漢字　古文書に非常によく出てくる漢字

候
居　候

**異体字
・旧字**　現代ほとんど使われていない漢字
（　）内は異体字・旧字です

壱（壹）
縣（縣）　県（縣）
喜（㐂）
当（當）

時（时）
両（兩）
兼（兼）

※異体字は常用漢字とは異なった字体の漢字です。旧字は昭和二四（一九四九）年以前は一般的に使われていた漢字でしたが、新字体に変更されて徐々に使われなくなりました。

部首　偏や旁に分けられる漢字

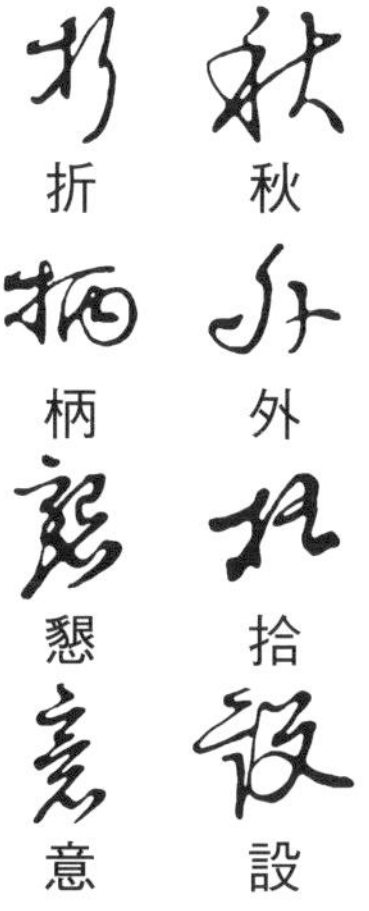

数多くの漢字を**単漢字**・**特殊文字**・**頻出漢字**・**異体字**・**旧字**・**部首**のいずれかに分類して、少しでも効率よく漢字くずし字のマスターをめざすというのが、「漢字解読五つの攻略法」なのです。

この五分類を順番に詳しく解説していきます。ぜひくり返し学習し、くずし字解読の知識を増やしていってください。

単漢字

攻略法の最初は「単漢字」です。「単漢字」とは、偏や旁などのパーツのない単純な漢字を言います。

ここでは、（臣）（平）（右）のようなくずし字形が対象になっています。もしこれが・・と書かれていれば「臣・平・右」と簡単に読めますが、さらにくずして書かれると、読めなくなってしまう漢字はやはり押さえておく必要があるのです。

同様に・・を読みなさい、とあれば、すぐに「上・中・下」と答えられるでしょう。でも、このようなくずし字がいくら読めても解読力を伸ばすことはできません。

ここでは、もっとくずしが進んだ漢字を取り上げましたので、まず読めるかどうか、一字一字解読に挑戦してみてください。解答は下に、注意点は左側に入れました。

内容は「基本の漢字くずし字」を「①重要なくずし字」・「②比べて覚えるくずし字」・「③セットで覚えるくずし字」・「④覚えておきたいくずし字」の四題それぞれ二五字ずつ、計一〇〇字を挙げています。ぜひ書きながら覚えて、見たらすぐに解読できることをめざしてください。

基本の漢字くずし字①　重要なくずし字

▼注意！

（義）には・というくずし字もあります。

（身）（品）は書いて覚えてください。

（并）は「ならびに」と読みます。

（分）は終筆が「丶」になることが多いです。

基本の漢字くずし字② 比べて覚えるくずし字

■ 至　少　丈　尤　土

■ 谷　水　氷　永　泉

■ 素　景　系

■ 奉　平　午

■ 受　更　使

■ 矢　失

■ 氏　民

■ 昔　音

▼注意！

（至）（少）（丈）（尤）の特徴は「丶」があること、（土）も同じです。

（谷）は書いて覚えてください。

（水）（氷）（永）（泉）は「水」の字形が基本です。

（受）と（更）は上部が違います。（使）は特殊なくずしになっています。

基本の漢字くずし字③　セットで覚えるくずし字

▼注意！

「左」は、「右」はのようなくずしもあります。

（夏）はかなりくずれています。

（北）と（青）のくずしにも慣れてください。

・・は文頭に来ることが多い言葉で「必ず」「並びに」「且《か》つ」と読みます。

基本の漢字くずし字④　覚えておきたいくずし字

▼注意！

（花）（兵）は特殊なくずしです。慣れてください。

（昼）は旧字体の「晝」のくずし字です。

（真）と（楽）は書いて覚えてください。

特殊文字

解読文の表記が特殊な文字

次は「特殊文字」について説明します。

①右寄せ小字

14頁で「解読の際に右に寄せて小さく書く字」として挙げた、（与）（江）（而）（江）（而）（ニ）（而）は、よく見ると比較的小さな字で書かれているのがわかります。これらは文節を形成する助詞を示しています。ある意味で、読みやすくするために字を小さくして、しかもやや右に寄せて書いているのです。

このような右寄せの小字は次の六字があります。

右寄せして小字で表記するもの

原則、次の字は小さくなります。

「而」「者」「茂」「与」「江」（て・は・も・と・へ）と「ニ」（に）

※現代ひらがなに直さず、「而」「者」「茂」「与」「江」「ニ」となります。

これらは大文字で解読すると、文意が通じなくなることがあるので、解読する時は「右寄せして小字の漢字」にするようにしてください。

10頁の例題では、右寄せして小字にする漢字の解読文は次のように表記されています。

商社与相唱え

現代表記なら「商社と相唱え」になります。「与」は漢字のまま小字にしますが、「江」はこの場合は助詞ではなく送り仮名なので「え」と解読します。

候而

このは大文字で書いていますが「そうらいて」と読むので、解読する時は「候而」とするのが適切です。

諸方江相設

「諸方へ相設」とせず「江」と表記します。

兼而

現代表記では「兼ねて」ですが、解読する場合は「て」と読む「而」を漢字のまま右寄せして小字で書きます。

懇意ノ由ニ而

「ニ」と「而」で「にて」と読みます。いずれも小字にします。

なお右寄せして小字にする漢字「而者茂与江ニ」の六字のうち、「者」と「茂」がここでは出ていませんが、「者」は「は」と読む助詞なので漢字のまま「者」と小字で書き、「茂」も「も」と読む助詞なので漢字のまま「茂」と小字で書きます。もし「茂」が大きい字の場合は、ひらがなと判断し「も」と解読してもかまいません。ただし小字で書くべきときに「茂」と大文字で書くと文意が不明確になるので避けてください。

次の一節も「足利家事件始末書」にある表現で、「者」と「茂」が使われています。

そのまま読めば「一人ニ而者迚茂」になりますが、このままでは意味がつかみにくいので右寄せして小字にして「一人ニ而者迚茂」（「ひとりにてはとても」）とします（「迚茂」で「とても」と読みます）。「者」は「は」とせず漢字で「者」と表記します。「茂」については「迚茂」が適切、「迚も」でも可、「迚茂」という表記は避けてください。なお、「迚」は常用漢字ではありませんが、「とても」「どうやっても」のような意味で使われます。

ほかにも、原文で「カタカナ」が右寄せ小字で書かれている場合は、解読文でも同様に右寄せ小字で表記するのがいいでしょう。また、「并《ならびに》」や「而已《のみ》」も小さく書かれていれば、右寄せ小字にします。

②踊り字（同じ字をくり返す場合に用いる表記法）

次は「踊り字」について説明します。「踊り字」も記号のような文字で解読するので「特殊文字」の一種になります。これは「々」「ゝ」「ヽ」のように一字をくり返し表記する場合や、二字以上をくり返し表記する「〲」のような表記法です。

「踊り字」は、「重ね字」、「送り字」、「重字《じゅうじ》」、「畳字《じょうじ》」ともいいます。

ひらがな、カタカナ、漢字の踊り字は、それぞれ違った記号が使われます。

「**踊り字の解読上のルール**」はしっかり押さえておいてください。全容は次のようになります。

踊り字の解読上のルール

同じ文字がくり返される場合、記号のような表記を用います。
解読文では次のように表記しますので覚えてください。

一文字のくり返し

ひらがな	ゝ	(例) つつむ→つゝむ
濁点のひらがな	ゞ	(例) かがやく→かゞやく
カタカナ	ヽ	(例) ススム→スヽム
濁点のカタカナ	ヾ	(例) スズリ→スヾリ

二文字

ひらがな	〱	(例) よくよく→よく〱
濁点のひらがな	〲	(例) つきづき→つき〲
漢字	々	(例) 益々　国々　早々

踊り字の例をいくつか挙げておきます。

ひらがな　ゝ

船(舩)といゝ

あきれはてゝ

※「船」は異体字の「舩」で書かれています。

濁点のひらがな　ゞ

はゞかり

ひらがな二文字以上　〱

つね〱

(漢字も同じになります)　〱

是非〱

濁点のひらがな二文字以上　〲

つね〲

漢字一文字　々

種々

夫《それ》々《ぞれ》

日々

▼注意！　漢字の踊り字「々」と「之《の》」のくずし字形は似ているので文章の意味を考えて判断しましょう。

(例)

願之|条々|

度々|之|

村方之|者共段々|

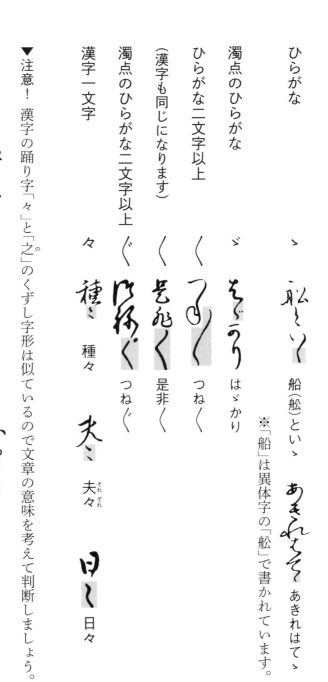

頻出漢字

頻出する漢字と返読文字

次は「頻出漢字」について説明します。

各地に伝わる古文書の大半は、町方文書《まちかたもんじょ》や地方文書《じかたもんじょ》（村方文書《むらかたもんじょ》ともいう）で、ほとんど漢字だけで書かれた文章になっているため、何度も出てくる頻出漢字のくずしを覚えることが必要になってきます。

たとえば「候」「御」「様」などは古文書で頻出する漢字ですが、実はくずしの字形がいろいろあって大変やっかいなのです。そこで頻出漢字それぞれのくずしの字形も列記しましたので熟読してください。

ここでは、そうした絶対に覚えてほしい**超重要漢字二六字と返読文字一四字**を紹介していきます。

返読文字というのは、漢文体になっている文章の中で使われる漢字で、いわゆる「レ」点を付けて下から上に読む漢字をいいます。たとえば「有之」は「有レ之」で「これあり」と読み、「不知」は「不レ知」で「しらず」とか「しらざる」と読み下します。ここでの「有」「不」が返読文字となります。

頻出する漢字を、超重要漢字と返読文字に分けて、一覧にすると次のようになります。

超重要漢字

候　御　様　此　其　事　旨　存　罷　成

承　参　取　仰　出　来　聞　置　付　申

書　今　差　上　敷　之

返読文字

可　被　令　為　不　如（以上助動詞）

有　無　従　難　於　乍　以　奉

次頁から、それぞれの文字の代表的なくずし字形を、くずしの程度が少ないものから順に並べ、その用例もあわせて挙げました。なお、くずし字形が二段になっているものは、似たくずし字形ごとのグループになります。

超重要漢字

くずし字形・用例を読みとともに挙げています。

候（そうろう）

丁寧《ていねい》語「ある・いる」（現代語訳では「～です」「～ます」）。

江戸時代の手紙や公用文は、ほとんどが文末に丁寧語の「候」を使う「候文《そうろうぶん》」で書かれています。かなりくずされた字形になるのでしっかり押さえてください。

網掛けしてある部分がすべて「候」です。くずしの種類がかなり多いことがわかります。

くずし字形

用例

申上候《もうしあげそうろう》

候得者《そうらえば》

又候《またぞろ》（意味＝またしても）

相成申候《あいなりもうしそうろう》

罷出候《まかりいでそうろう》

「罷」☞33頁

相成候得共《あいなりそうらえども》

左《さ》候《そうら》へハ《えば》

申候由《もうしそうろうよし》

存候《ぞんじそうろう》

御座候《ござそうら》八、《わば》

心外《しんがい》ニ候間《そうろうあいだ》

※「座」と「坐」は別字で表記します。例

御座候《ござそうろう》

御坐候《ござそうろう》

▼注意！ 〔くずし字〕は「申」、〔くずし字〕は「申候」です。

御（ご・お・おん）

尊敬・丁寧の接頭語。超頻出文字です。〔くずし字〕・〔くずし字〕・〔くずし字〕を押さえてください。

御訴《おうったえ》

御返金《ごへんきん》

御年貢《おねんぐ》

其御地《そのおんち》

御吟味《ごぎんみ》

御当地《ごとうち》

御座候《ござそうろう》

様（よう・さま）

超頻出文字です。いろいろな字形で書かれるのでよく確認してください。

◆頻出表現…候様《そうろうよう》、人名や役職に付く「～様《さま》」

左《さ》衛《え》門《もん》様《さま》

成《なり》候《そうろう》様《よう》

利《り》左《ざ》衛《え》門《もん》様《さま》

御《お》代《だい》官《かん》様《さま》

同《どう》様《よう》ニ

佐《さ》渡《どの》守《かみ》様《さま》

各《おのおの》様《さま》

様《よう》子《す》

様《よう》子《す》

如《い》何《か》様《よう》

差《さし》出《だ》し候《そうろう》様《よう》

無レ之《（これなき）》様《よう》

※「無」は返読文字になります（☞50頁）。

此（これ・この・かくの）

をまず覚えてください。

◆頻出表現…此度（こたび・このたび）

※「これ」と読む字には「是」・「之」もあります。

此段《このだん》

此者《このもの》ハ

此旨《このむね》

此度《こたび》

此後《こののち》

此度《こたび》

其（それ・その）

をまず覚えてください。

◆頻出表現…其上《そのうえ》・其外《そのほか》など

其上《そのうえ》

其夫《そのおっと》に

其趣《そのおもむき》

其外《そのほか》

其外《そのほか》

其後《そのご》

事（こと）

を まず覚えてください。

◆頻出表現…候《そうろう》事《こと》

奉《たてまつ》る事《こと》

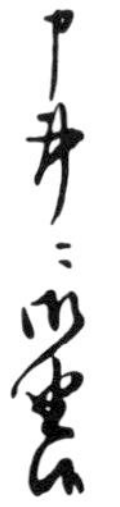
申《もうす》事《こと》ニ御《ご》坐《ざ》候《そうろう》

勝《しょう》負《ぶ》事《ごと》

限《かぎ》り候《そうろう》事《こと》

申《もうし》候《そうろう》事《こと》

大《たい》切《せつ》之《の》事《こと》

飾《かざ》る事《こと》

差《さし》出《だし》候《そうろう》事《こと》

※は「事」の異体字の「叓」です。

旨（むね）

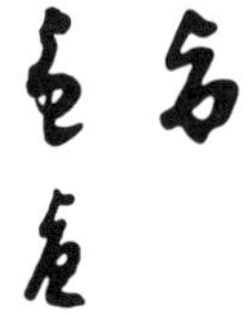

「旨」は異体字の「㫖」のくずしになります。

◆頻出表現…此旨《このむね》

此《この》旨《むね》

申《もうし》度《たき》旨《むね》

制《せい》禁《きん》之《の》旨《むね》

披《ひ》見《けん》仕《つかまつり》候《そうろう》旨《むね》

存（ぞんす）

「思う」「知る」「心得る」、謙譲語。をまず覚えてください。

◆頻出表現…存知《ぞんじ》（「ぞんち」とも）

存知《ぞんじ》

存寄《ぞんじより》

存外《ぞんがい》

存候義《ぞんじそうろうぎ》

存寄《ぞんじより》

罷（まかる）

「行く」「来る」「退出する」、謙譲語。をまず覚えてください。

◆頻出表現…罷出《まかりいで》・罷越《まかりこし》

罷出《まかりいで》

罷出《まかりいで》

罷在《まかりあり》

罷出候《まかりいでそうろう》を

罷越候趣《まかりこしそうろうおもむき》

成（なり・なる）

「する」「おこなう」「達する」。をまず覚えてください。

◆頻出表現…相成《あいなり》

※返読文字の「被」と合わせて「被《なされ》レ成」もよく見られます。

相成候《あいなりそうろう》

罷成《まかりなり》

御成箇《おなりか》

※田畑の作物や宅地に課した租税（取箇《とりか》・物成《ものなり》も同じ意味）。

成丈《なるたけ》

相成申候《あいなりもうしそうろう》

相成《あいなり》

承（うけたまわる）

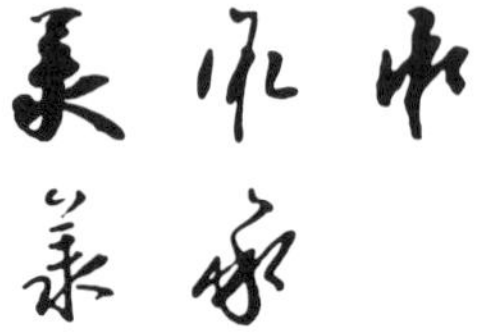

音読みで「ショウ」。異体字「兼」のくずしをまず覚えてください。

◆頻出表現…承知《しょうち》

承知《しょうち》

承り次第《うけたまわりしだい》

承知《しょうち》

承引《しょういん》

承り《うけたまわり》

承知《しょうち》

参（まいる）

音読みで「サン」。異体字の「叅」になっています。をまず覚えてください。

◆頻出表現…参候《まいりそうろう》

参《まい》り候《そうろう》

参《まい》り申《もうし》度《たく》候《そうろう》

参候間《まいりそうろうあいだ》

参候間《まいりそうろうあいだ》

持参《じさん》

取（とる）

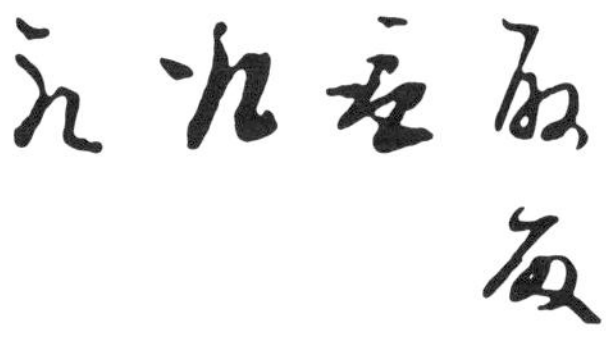

「取」の次に来る動詞を強める接頭語にも。をまず覚えてください。

◆頻出表現…取計《とりはからい》・引取《ひきとり》など

取揃《とりそろえ》

御取調《おとりしらべ》

引取《ひきとり》

取《とり》なをす

取計《とりはから》ひ

取締《とりしまり》

引取《ひきとり》

御取上《おとりあげ》

仰（おおせ）

尊敬語、「命じられる」「おっしゃる」。かで書かれます。

◆頻出表現…仰付《おおせつけ》　※返読文字の「被」と合わせて「被二仰付一」（おおせつけられ）もよく見られます。

仰出《おおせいで》

仰付《おおせつけ》

仰渡《おおせわたす》

仰渡《おおせわたす》

仰付《おおせつけ》

出（いず・でる）

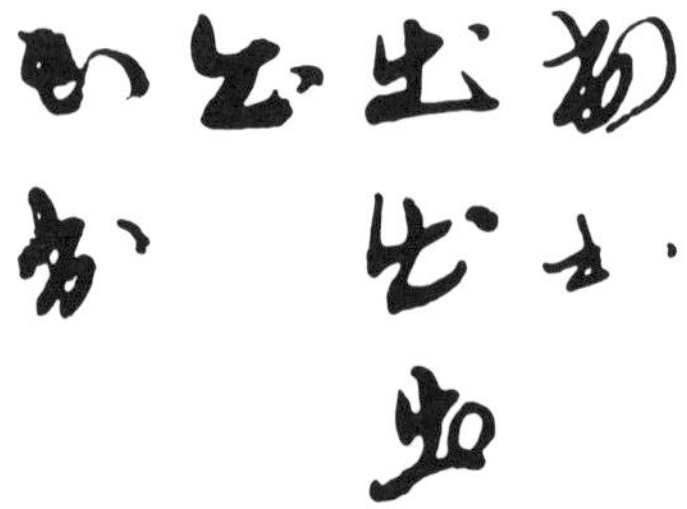

音読みで「シュツ」。のように終筆にが付きます。

◆頻出表現…出立《しゅったつ》・立入《たちいり》

出立《しゅったつ》

出入《でいり》（意味＝金銭の出し入れ・もめごと）

出立《しゅったつ》

打出《うちいで》

申出候《もうしいでそうろう》

出生《しゅっせい》

出役《しゅつやく》

罷出《まかりいで》

来（くる・きたる）

音読みで「ライ」「タイ」。をまず押さえてください。

◆頻出表現…出来《しゅったい》（「でき」とも）・以来《いらい》など

来《きた》りて

来《きた》り候《そうろう》

伝来《でんらい》

出来《しゅったい》仕候《つかまつりそうろう》

仕来《しきたり》

来《きた》ル

出来《しゅったい》

以来《いらい》

去年来《きょねんらい》

家来《けらい》

▼注意！（来）と（成 ☞34頁）の違いをしっかり確認してください。

聞（きく・きこえ・きかす）

音読みで「ブン」。まず下部が「タ」のようになると覚えてください。

◆頻出表現…相聞《あいきこゆ》・聞及《ききおよぶ》など

聞《きき》および

申聞《もうしきか》せて

相聞《あいきこえ》

相聞《あいきこ》ゆる

見聞《けんぶん》

聞及《ききおよぶ》

「きく」＝承知する
「きこえ」＝聞こえる
「きかす」＝人に言って聞かせる

置（おく）

音読みで「チ」。と を押さえてください。

◆頻出表現…置申《おきもうす》

預《あず》ケ《け》置《おき》候《そうろう》

残《のこ》し置《おき》申《もうす》と

入《いれ》置《おく》

筋《すじ》違《かい》ニ置《おく》

置《おく》也《なり》

捨《すて》置《おく》

▼注意！

（置）と（直 ☞17頁）の違いをしっかり確認してください。

付（つける）

「〜について」という意味で使われることが多いです。

◆頻出表現…ニ付《つき》

趣《おもむき》ニ付《つき》

割付《わりつけ》

卒去《そっきょ》ニ付《つき》

下《くだ》り候《そうろう》ニ付《つき》

申度義《もうしたきぎ》ニ付《つき》

申（もうす）

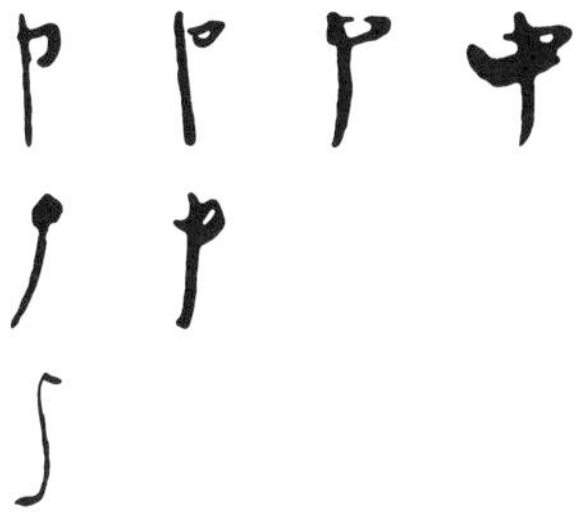

をまず押さえてください。

◆頻出表現…申付《もうしつく》・申候《もうしそうろう》など

申也《もうすなり》

申《もう》すとも

申候《もうしそうろう》

申付《もうしつけ》る

申間敷《もうすまじく》

申越《もうしこし》

申度《もうしたく》

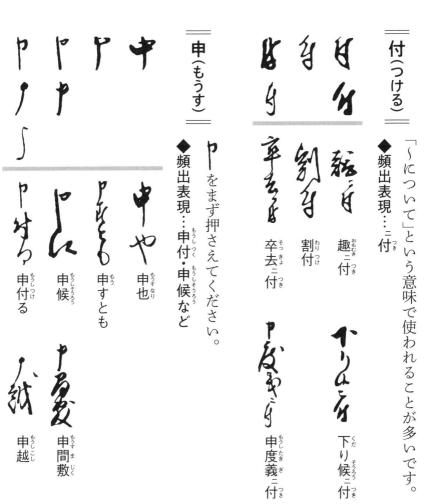

書（かく）

音読みで「ショ」。くずしが進むと・のようになります。「書」のかなりくずされた字形を押さえてください。

◆頻出表現…書付《かきつけ》

願書《がんしょ》

書上帳《かきあげちょう》

書付《かきつけ》

書付《かきつけ》

書面《しょめん》

返書《へんしょ》

前書《まえがき》

願書《がんしょ》

今（いま）

音読みで「コン」。をまず押さえてください。

◆頻出表現…今日《こんにち》

今昼《いまひる》九《ここの》ツ時《どき》

今日《こんにち》

今般《こんぱん》（意味＝今回・今度）

今日《こんにち》

差（さし・さす）

「差」は次に来る動詞を強める接頭語にもなります。

◆頻出表現…差出《さしだす》

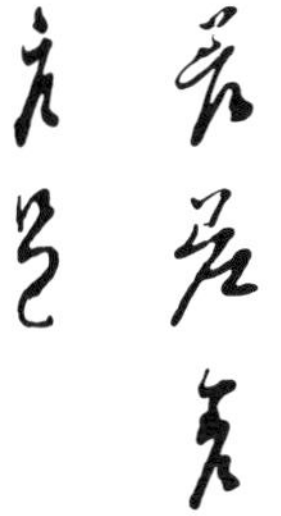

差出《さしだす》

差上《さしあげ》

差出し《さしだ》

差越《さしこす》（意味＝人や物を送ってくる）

差支《さしつかえ》

上（うえ・あげ）

音読みで「ジョウ」。とを押さえてください。

◆頻出表現…申上《もうしあげ》・以上《いじょう》

以上《いじょう》

上納《じょうのう》

上者《うえは》

上中下《じょうちゅうげ》

申上候《もうしあげそうろう》

其上《そのうえ》

言上し《ごんじょう》

敷（しき・しく）

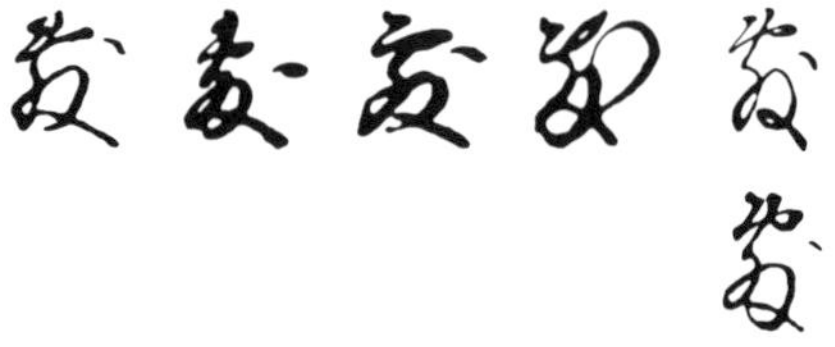

をまず覚えてください。

◆頻出表現…間《ま》敷《じく》・屋《や》敷《しき》（鋪）など

屋《や》敷《しき》

屋《や》敷《しき》

御《お》屋《や》敷《しき》

六《むつ》ケ《か》敷《しく》

厳《きび》敷《しく》

間《ま》敷《じく》（禁止の助動詞）

※「敷」は「鋪」と置き換えられることもあります。

屋《や》鋪《しき》

申《もうす》間《ま》鋪《じく》候《そうろう》

之（の・これ）

「之」は、ひらがなの「し」の字母なので、くずし字は「し」に似ています。

◆頻出表現…～之《の》通《とおり》・～之《の》儀《ぎ》・～之《の》旨《むね》など

吟《ぎん》味《み》之《の》上《うえ》

願《ねがい》之《の》旨《むね》

我《わが》国《くに》之《の》舟《ふね》

切《きり》支《し》丹《たん》之《の》儀《ぎ》

品《しな》書《がき》之《の》通《とおり》

右《みぎ》之《の》通《とおり》

▼注意！

「之」と「候」はかなりくずされた字形になると見分けがつきません。文意から考えてください。「候」のくずし字形には・・などがあります（☞29頁）。

解読上の注意！

「之」は「の」と読みますが、解読する場合はそのまま「之」とします。（浮雲のおもひ）の「」や（世のありさま）の「」は「の」としますが、（かようの事）の「」は「かよう之事」と解読します。

返読文字

くずし字形・用例を読みとともに挙げています。

返読文字は、かなりくずされた字形になることと、漢文調の文章なので読み下しがめんどうなことが重なって、やっかいな漢字です。たとえば次の表記を見てください。

これを解読すると「可被相守此旨者也」となりますが、たとえ一字一字解読できたとしても、日本語の文章として読み下せないと意味をつかむことは困難です。これをどう読むのかは、ある程度の漢文の素養が必要です。読み下しは「此の旨相守らるべき者也」、漢文調に表記して返り点を付けると「可レ被レ相二守此旨一者也」となります。

このように読めるかどうかの鍵をにぎっているのが、最初の「可被」なのであり、この「可」「被」こそ返読文字なのです。

ここでは、頻出する返読文字一四字の字形を覚えながら、読み方にも着目してマスターできるようにしっかり取り組んでください。返り点がついている部分の読み方は（　）でくくっています。

可（助動詞 べく・べし・べき）

超頻出文字！（自分が主語の場合）意志「～しよう」。（相手に対して）命令「～しなさい」、当然「～するべきだ」、推量「～するだろう」。

くずし字形

用例

可レ致《いたすべく》候《そうろう》事《こと》

可二申上《もうしあぐべく》一候《そうろう》

可レ申《もうすべく》候《そうろう》

可レ致《いたすべき》事《こと》

◆頻出表現…可レ被《らるべき》～

セットで読めるようにしてください。

被（助動詞 る・らる）

超頻出文字！「される」「られる」。

被二仰付《おおせつけられ》一

被レ成《ござなされ》二御座一

被レ下《くだされ》候《そうら》ハ《わ》、《ば》

可レ被レ下《くださるべく》候《そうろう》

可レ被レ得二其意一《そのいをえらるべき》

被二相守一《あいまもられ》

可レ被レ成《なさるべく》候《そうろう》

被二仰渡一《おおせわたされ》

可レ被レ成《なさるべき》

※この「被」はかなりくずされています。

被二召出一《めしだされ》

被レ成《なされ》候共《そうろうとも》

被レ成《なされ》度《たく》

可レ被二申聞一《もうしきかさるべく》候《そうろう》

次の表記に注意！

被二　仰上一《おおせあげられ》

被二　思召一《おぼしめされ》

この二つはいずれも「被」の次を一字分空けて書いています。これは**闕字**《けつじ》といって、貴人や目上の者に対する敬意を表すために、文書中に一字または二字程度の空白を設けるものです。また文の途中で改行する場合もあり、これは**平出**《へいしゅつ》といいます。

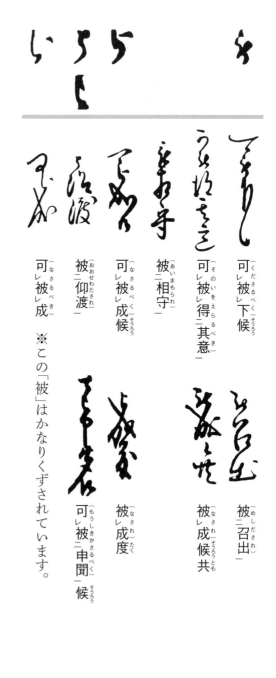

令（助動詞 しむ・せしむ）

「〜させる」「〜する」。をまず押さえてください。

可レ令二詮儀一《せんぎせしむべき》

於レ令レ損者《そんじせしむるにおいては》

令二違背一《いはいせしむる》者《もの》

令二死去一《しきょせしむる》之《の》由《よし》

▼注意！

「令」（☞40頁）と「令」の違いは下部で見分けられます。

為（助動詞 せ・させ・たり・たる、名詞 ため）

◆頻出表現…為二後証一《こしょうのため》（意味＝後日の証拠のため）

※助動詞「す」の連用形「し」に接続助詞の「て」がついて「〜として」とも読みます。

為二後証一《こしょうのため》

為二相済一《あいすませ》

可レ為二無用一《むようたるべし》

為二申聞一《もうしきかせ》

可レ為二同前一《どうぜんたるべき》事《こと》

為二御巡見一《ごじゅんけんのため》

為レ致《いたさせ》

不（助動詞 ず・ざり、否定語）

「ふ」に見える「不」を押さえておいてください。

◆頻出表現…不レ知《しらず》・不レ申《もうさず》・不レ在《あらず》など（「不」の下の動詞を否定する助動詞）

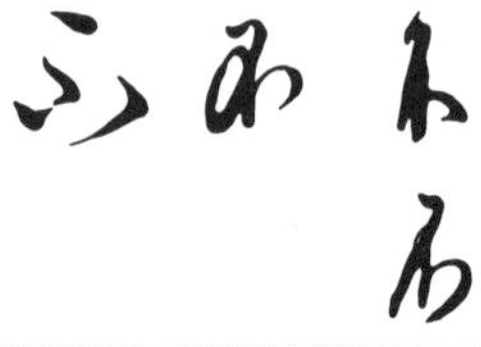

不レ在レ之《これあらざる》様《よう》

不レ及レ申《もうすにおよばず》

「不レ及二是非一《ぜひにおよばず》」

「不レ得二止事一《やむことをえず》」

不レ限《かぎらず》

不レ知《しらず》

不レ申《もうさず》

如（助動詞 ごとし・ごとく）

音読みで「ニョ」。※「如何」（いかん・いかが＝疑問）でも使われます。

◆頻出表現…如レ件《くだんのごとし》（文の最後によく出てきます）

仍《よって》執達《しったつ》如レ件《くだんのごとし》

如レ斯《かくのごとし》

仍《よって》如レ件《くだんのごとし》

仍《よ》而《て》如レ件《くだんのごとし》

如レ此《かくのごとし》

如何《いかん》

有（あり）

音読みで「ウ」「ユウ」。をまず押さえてください。
※返読文字以外に「ウ」「ユウ」と読む熟語でも出てきます（所有・有無など）。

◆**頻出表現**（次の「無」とあわせて確認してください）
有レ之《これあり》・無レ之《これなし》　※「有」は動詞、「無」は形容詞になります。

沙汰《さた》有レ之《これあり》

可レ有レ之《これあるべし》

有レ之《これあり》候ハ、《そうらわば》

可レ有二覚悟一《かくごあるべし》

有レ之《これあり》

有レ之《これある》節者《せつは》

有レ之《これあり》候《そうろう》

有レ之《これある》ニ付《つき》

『無（なし）』

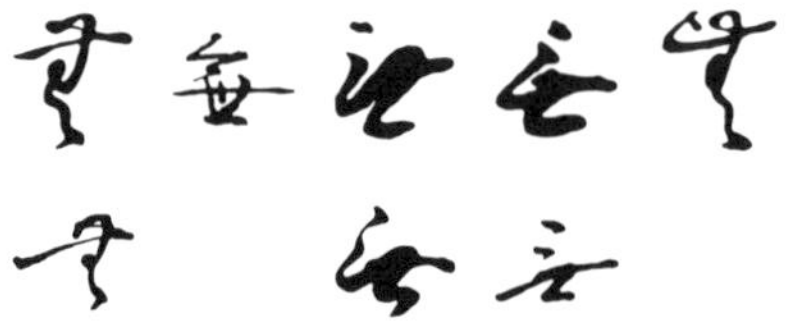

『従（より）』

音読みで「ム」「ブ」。をまず押さえてください。
※返読文字以外に「ム」「ブ」と読む熟語でも出てきます（無理・無事など）。

無レ之《これなく》候《そうろう》

無レ之《これなき》旨《むね》

無二遠慮《えんりょなく》一

無レ事《ことなき》（「ぶじ」とも読みます）

無レ断《ことわりなく》

無二御座《ござなく》一候《そうろう》

無二比類《ひるいなし》一

無二止事《やんごとなき》一（意味＝やむを得ない・並々ではない）

無レ之《これなき》由《よし》

音読みで「ジュウ」。※返読文字以外に「したがう」「ジュウ」と読む言葉でも出てきます（従う・従来など）。

従二生国《しょうごくより》一

従二公儀《こうぎより》一

従二官所《かんしょより》一（「官所」の意味＝役所）

難（がたし・がたく）

音読みで「ナン」。「～するのが難しい」という意味で使われます。

とをまず押さえてください。◆頻出表現…難《ありがたし》レ有

※返読文字以外にも「ナン」と読む熟語でも出てきます（苦難・困難・難儀）。

難《すておきがたく》二捨置一

難《あいたてがたく》二相立一

難《ありがたし》レ有

難《かないがたく》レ叶

※は「難」の異体字の「雉」です。

難《はかりがたく》レ計候《そうろう》

於（～において）

「～については」「～に関しては」。「お」に見える（於）があります。

◆頻出表現…於《これあるにおいて》レ有レ之者《は》

於《むらむらにおいて》二村々一

於《これあるにおいて》レ有レ之者《は》

於《これあるにおいて》レ有レ之者《は》

於《もてぎむらにおいて》二茂木村一

乍（ながら）

以（もって）

「〜にもかかわらず」。をまず押さえてください。

◆頻出表現…乍レ恐《おそれながら》

乍レ恐《おそれながら》

乍レ然《しかしながら》

乍レ去《さりながら》

乍レ然《しかしながら》

乍二不便一《ふびんながら》

音読みで「イ」。読み下した「〜を以て」の表記もよく見られます。

◆頻出表現…以二書付一《かきつけをもって》

※返読文字以外に「イ」と読む熟語でも出てきます（以上・以前など）。

以二御了簡一《ごりょうけんをもって》

以二愚札一《ぐさつをもって》

以二書付一《かきつけをもって》

以二書付一《かきつけをもって》

奉（たてまつる）

音読みで「ブ」「ホウ」。をまず押さえてください。

◆頻出表現…奉レ存《ぞんじたてまつり》候《そうろう》

※返読文字以外に「ブ」や「ホウ」と読む熟語でも出てきます（奉行・奉公など）。

奉レ存《ぞんじたてまつり》候《そうろう》

奉レ存《ぞんじたてまつり》候《そうろう》

奉レ畏《かしこみたてまつり》候《そうろう》

奉ニ差上《さしあげたてまつり》一候《そうろう》

奉レ存《ぞんじたてまつり》候《そうろう》

奉レ存《ぞんじたてまつり》候《そうろう》

これまで見てきた超重要漢字と返読文字あわせて四〇字のくずし字の字形は、慣れ親しむことが肝要です。これからも頻繁に目にしますから、瞬時に解読できるようにマスターしてください。

異体字・旧字

特殊な字形の漢字

「異体字」は難読ですがけっして数多くはありません。ここではよく見る異体字をまとめて挙げましたので、新しい漢字と思って何回も書きながら覚えてください。

「異体字」と「俗字」は区別することもありますが、「俗字」は俗間で通用していた漢字で異体字の一種になりますので、本書では「異体字」に含めて扱っています。

また、私たちが義務教育等で学び、読み書きしている漢字は「新字体」といい、昭和二四（一九四九）年に定められた「当用漢字字体表」に載っている漢字です。それ以前に使われていた漢字を旧字体といいます。たとえば「広」は「廣」、「万」は「萬」、「証」は「證」です。字形からも旧字は異体字の一種といってもいいと思います。旧字は「現在一般に使用されている新字体よりも複雑な字体」、異体字は「標準の字体とは異なるが読みや意味が同じで、置き換えが出来るもの」となります。いずれも新字体で解読することは共通していますが、異体字＝旧字体ではなく、異体字の中に旧字体が含まれていると言えます。

それでは異体字を七一字、旧字を九四字挙げていますので、くずし字形とそれを活字化した字を見ながら確認していってください。

異体字

※網掛けの部分が異体字、その下が新字体の漢字です。

①頻出の異体字

異体字	新字体
时	時
冣	最
兼	兼
叓	事
㕣	召
畄	留
逺	違
迠	迄
羕	承
朩	等
迯	逃
慥	慥
觧	解
徃	往

②比べて覚える異体字

異体字	新字体
吴	異
貟	員
畢	畢
屓	負
灵	霊
乐	楽
难	難
茉	薬
欵	歎

③一部が省略されている異体字

異体字	正字
廾	廿
弃	棄
役	役

異体字	正字
壬	閠
冄	再
敉	数

異体字	正字
𥁞	盛
㒷	興
朔	朔

異体字	正字
堂	堂
哥	歌

④注意しておきたい異体字

異体字	正字
鑒	鑑
窻	窓
欤	歟
䖏	処

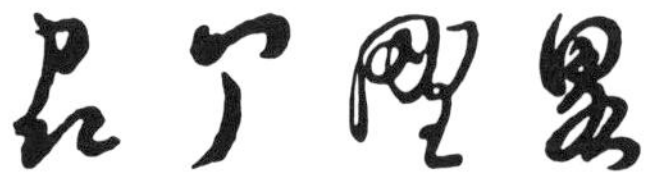

異体字	正字
畧	略
墅	野
了	部
刅	州

異体字	正字
羣	群
秊	年
从	頭

異体字	正字
釼	剣
仝	同
尔	爾

異体字	正字
迋	庭
㐂	喜
帋	紙

※は見た目が「七十七」に見えることから、七十七歳の祝いを「喜寿」といいます。
※「欤」「歟」は文末につく疑問の助詞で「か」と読みます。
※「州」は「刕」と書かれることもあります。

⑤一部が変化している異体字

耻 規 㫖 奐

恥 規 旨 魚

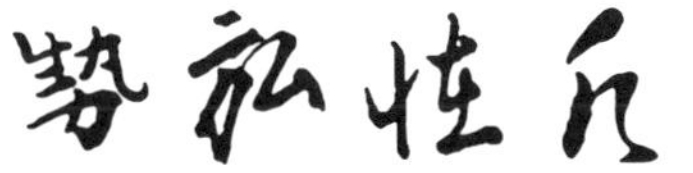

勢 弘 恠 凢

勢 弘 怪 凡

復 珎 罸 犱

復 珍 罰 執

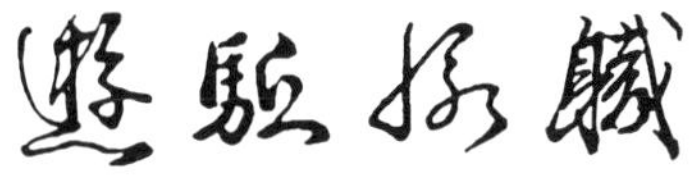

遊 駈 脉 軄

遊 駆 脈 職

㐧 橋 形 糺

第 橋 形 糾

旧字体を新字体にしてみよう！

まずは旧字体の漢字を新字体に直せるか試してみてください。

※答え（新字）は下にあります。

①押さえておきたい旧字40字（音読み・あいうえお順）

旧字

榮	應	假	價	覺
氣	經	區	輕	縣
檢	效	碎	濟	殘
兒	數	收	稱	條
狀	證	處	對	體
當	燈	獨	拜	廢

答え（新字）

栄	応	仮	価	覚
気	経	区	軽	県
検	効	砕	済	残
児	数	収	称	条
状	証	処	対	体
当	灯	独	拝	廃

判	餘
濱	搖
歩	龍
萬	兩
豫	禮

判	余
浜	揺
歩	竜
万	両
予	礼

②書くのが難しい旧字30字（音読み・あいうえお順）

旧字

醫	藝	寫	雙	廳	辨
鹽	獻	壽	總	鐵	邊
舊	驗	觸	臺	點	寶
據	辭	聲	擔	黨	亂
擧	實	竊	癡	發	勵

答え（新字）

医	芸	写	双	庁	弁
塩	献	寿	総	鉄	辺
旧	験	触	台	点	宝
拠	辞	声	担	党	乱
挙	実	窃	痴	発	励

▼注意！「總」（総）には同義語として「惣」があります。「總」や「惣」は原則新字体で「総」と解読します。（惣而《すべて》）は「総而」が適切ですが、「惣村」「惣百姓」などの歴史用語の場合は「惣」を用います。

③比べて覚える旧字24字

旧字

國	圓	圖	圍	團
賣	讀	續		
傳	轉		會	繪
廣	擴		澤	驛
變	戀		畫	晝
壹	貳		拂	佛

答え（新字）

国	円	図	囲	団
売	読	続		
伝	転		会	絵
広	拡		沢	駅
変	恋		画	昼
壱	弐		払	仏

【参考】 漢数字の通用字　**一／壱・二／弐**　に続く数字を挙げておきます。

三／参　四／肆　五／伍　六／陸　七／漆　八／捌　九／玖　十／拾

旧字体　くずしの字形

これまで旧字体と新字体を見てきましたが、ここでは旧字体に実際のくずし字形を加えています。

古文書では、新字体よりも旧字体の方がよく使われていますから、このくずし字形はしっかり押さえてください。

①押さえておきたい旧字40字（音読み・あいうえお順）

榮
栄

氣
気

檢
検

應
応

經
経

效
効

假
仮

區
区

碎
砕

價
価

輕
軽

濟
済

覺
覚

縣
県

殘
残

餘	判	當	狀	兒
余	判	当	状	児

搖	濱	燈	證	數
揺	浜	灯	証	数

龍	步	獨	處	收
竜	歩	独	処	収

兩	萬	拜	對	稱
両	万	拝	対	称

禮	豫	廢	體	條
礼	予	廃	体	条

②書くのが難しい旧字30字（音読み・あいうえお順）

醫	藝	寫	雙	廳	辨
医	芸	写	双	庁	弁

鹽	獻	壽	總	鐵	邊
塩	献	寿	総	鉄	辺

舊	驗	觸	臺	點	寶
旧	験	触	台	点	宝

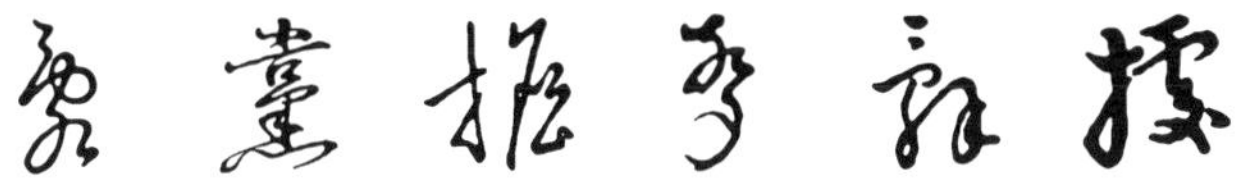

據	辭	聲	擔	黨	亂
拠	辞	声	担	党	乱

擧	實	竊	癡	發	勵
挙	実	窃	痴	発	励

③比べて覚える旧字24字

■
國 国
圓 円
圖 図
圍 囲
團 団

■
賣 売
讀 読
續 続

■
傳 伝
轉 転

■
廣 広
擴 拡

■
變 変
戀 恋

■
壹 壱
貳 弐

■
會 会
繪 絵

■
澤 沢
驛 駅

■
畫 画
晝 昼

■
拂 払
佛 仏

部首

部首からの攻略法は、第二章で詳細に解説しているので、ここでは簡単な紹介だけにとどめておきますが、10頁の例題で分類したを「**部首による漢字解読攻略法**」を利用して解読を進めていくと次のようになります。

まず偏の部分からは、は【禾】《のぎへん》、は【言】《ごんべん》、は【扌】《てへん》、は【扌】《てへん》か【木】《きへん》、とは下部の脚の部分が【心】《こころ》か【灬】《れんが》になります。

ここまでが部首による攻略法の第一段階です。さらに細かく見ていきましょう。

の右の旁《つくり》は「大」や「犬」に見えますが、これは「火」に近いので「秋」とします。

は【言】《ごんべん》で旁が【殳】《るまた》に見えるので「設」になります。

は【扌】《てへん》に旁が【斤】《おのづくり》になっています。第二章で説明しますが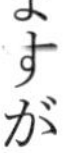のくずしは「斤」「亍」「干」のいずれかになります。すると漢字として成立するのは「折」です。

は【扌】《てへん》か【木】《きへん》で右側が「丙」と考え、「柄」につなげます。

するとで「折《おり》柄《から》」（意味＝ちょうどそのころ）という熟語にたどりつきます。

は熟語になっており、二字とも脚部が【心《こころ》】か【灬《れんが》】であることがわかります。の上部は難読ですが、の上部は【亠《なべぶた》】のようになっていることから「意」と推定します。

あとは文意からもアプローチしていきましょう。「両名の者はかねて□意」までをヒントに意味も考えて「懇意」と推定してみます。もし導き出した解読に自信が持てないようでしたら、『くずし字字典』やインターネットで調べて確認してください。するとこのくずし字は、たしかに「懇」でいいと結論できます。

インターネットを利用しての「調べ学習」では、東京大学史料編纂所の「電子くずし字字典データベース」や奈良文化財研究所が中心となって運営している「史的文字データベース連携検索システム」がお薦めです。検索したい漢字を打ち込むと、その漢字のくずし字形がたくさん出てきます。ご自分の解読が正しいかどうか確認ができ大変に便利です。

【補編】 変体仮名とその字母の漢字

本書は、「漢字」のくずし字の解読を主たる目的として編集しており、「ひらがな」の解説についてはほとんどしていません。しかし、古文書は漢字とひらがなで書かれる「和漢混合文」ですから、当然「ひらがな」の学習は必要です。

そこで「変体仮名とその字母」を一覧にしたものを紹介しておきます。

古文書では、私たちの知っている「あいう〜わをん」の四六字のひらがな以外に、それこそ見たこともないたくさんのひらがなが使われています。これらは明治時代以降、使用されなくなったひらがなで、「**変体仮名**」といいます。ある意味では、変体仮名は現代のひらがなとは異なった字体ですから「異体字」の部類に入るといえます。ここでは一二五字の「変体仮名の字母」を挙げています。

「ひらがな」はすべて、もとになっている漢字をくずしてできています。この漢字のことを「**字母**《じぼ》」といいます。「字母」の漢字のくずし字形は、「変体仮名」の学習だけでなく、漢字そのもののくずし字形の教材にもなるのでしっかり押さえてください。

最後にひらがなやカタカナを二文字合体させてつくられた「**合字**《ごうじ》」も挙げています。

①変体仮名一覧

あ行

安（あ）
阿（あ）
愛（あ）
以（い）
宇（う）
衣（え）
江（え）
於（お）

か行

加（か）
可（か）
可（か）
可（か）
幾（き）
起（き）
支（き）
久（く）
久（く）
具（く）
計（け）
希（け）
介（け）
遣（け）
氣〔気〕（け）
己（こ）
古（こ）

さ行

左（さ）
佐（さ）
散（さ）
之（し）
志（し）
寸（す）
春（す）
須（す）
世（せ）
勢（せ）
曽（そ）
楚（そ）

※〔〕内の漢字は新字体です。

		は行			な行		た行
遍（へ）	比（ひ）	波（は）	年（ね）	丹（に）	奈（な）	天（て）	太（た）
保（ほ）	飛（ひ）	者（は）	子（ね）	耳（に）	奈（な）	亭（て）	多（た）
保（ほ）	飛（ひ）	者（は）	乃（の）	奴（ぬ）	那（な）	止（と）	多（た）
本（ほ）	婦（ふ）	者（は）	能（の）	怒（ぬ）	仁（に）	登（と）	知（ち）
	不（ふ）	盤（は）		努（ぬ）	尓（に）		川（つ）
	部（へ）	盤（は）		祢（ね）	尓（に）		徒（つ）

ま行			や行	ら行		
末（ま）	見（み）	毛（も）	也（や）	良（ら）	留（る）	禮〔礼〕（れ）
満（ま）	武（む）	茂（も）	屋（や）	良（ら）	留（る）	連（れ）
満（ま）	無（む）		由（ゆ）	羅（ら）	留（る）	呂（ろ）
万（ま）	女（め）		由（ゆ）	利（り）	累（る）	路（ろ）
美（み）	免（め）		与（よ）	利（り）	流（る）	
三（み）	毛（も）			里（り）	類（る）	

わ行

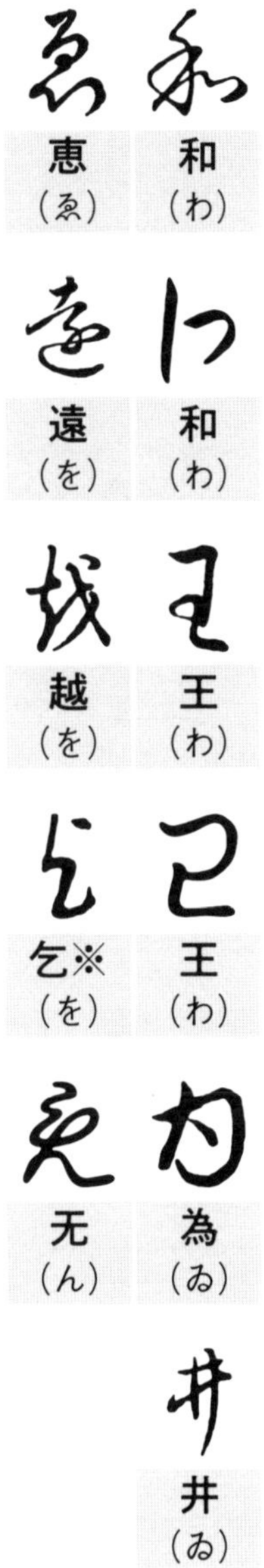

和（わ）

和（わ）

王（わ）

王（わ）

為（ゐ）

井（ゐ）

恵（ゑ）

遠（を）

越（を）

乞※（を）

无（ん）

※は戦国時代（15世紀末から16世紀末）によく出てくるくずし字で「を」と読みます。「乞」のくずしとよく似ているので、本書では字母を「乞」とし、「を」の項に入れました。第三章の演習問題でも何度か出てきますので確認してください。

②合字

ひらがなやカタカナを二文字合体させて、一文字のように表記した字を「合字」といいます。

ぜひ覚えておきたい合字は、ゟとヿです。ゟは「よ」と「り」が合わさって「より」と読みます。解読する時は「より」と読み、ヿは「こ」と「と」が合わさって「こと」と読みます。一方、ヿは「こと」と表記し、「ゟ」と表記しません。

(例)

前々ゟ

いふことを

また、次のような略されたくずし字もあるので覚えておいてください。

べく候

まいらせ候

コト

シテ

第二章　部首による漢字解読攻略法

読めないくずし字が出てきた場合、私たちは、いろいろな面からのアプローチで解読を試みています。

「古文書」といっても日本語で書かれているのですから、文章の意味を第一に考えていくのが正攻法といえるでしょう。また、「この字ではないか」と推測して字典などを使う〝調べ学習〟も有効です。あるいは別の箇所で似たくずし字がないか探してみるという方法もあります。

もちろん、地道に古文書学習を積み重ね、くずし字を見たらすぐに解読できてしまうほどの豊富な知識を身につけ、自力で読み解けるようになるのが一番です。やはり「解読力」は時間をかけた分だけ伸びるものなのです。「読める人」と「読めない人」の違いは学習量で決まると言ってもいいでしょう。

それでも効率のいい「解読力」アップの学習方法はあるはずです。

本書では、読みにくい漢字のくずし字の字形をいくつかに分類し、第一章で単漢字・特殊文字（右寄せして小字・踊り字）・頻出漢字・異体字・旧字・変体仮名の字母・合字など、たくさんの内容を紹介してきました。

時間はかかるかもしれませんが、これらを解読力向上のための基本知識として、ぜひ復習を重ねてマスターしてください。

その上で、第二章では「この字は読めない！」で終わらないよう、極めて有力な解読方法を提示しています。

それは、難読文字を分解して、部分部分を解読し、それらをつなげて正解にアプローチしていくという解読法です。多くの漢字は、偏や旁や冠や脚のパーツを組み合わせて作られています。ですから、パーツを抜き出してつなげていけば、知っている漢字にたどり着くことが可能になるのです。

漢字の部首のくずし字形の特徴をつかんでおけば、解読力はさらにアップするはずです。

そこで第二章は「部首による漢字解読攻略法」と題して詳細に紹介していきます。

合言葉は〝**偏《へん》旁《ぼう》冠《かん》脚《きゃく》から攻める！**〟です。

部首は七種類に大別できます。この七種類の部首にはそれぞれどのようなものがあるのかを把握しておくことは、基本の知識として必要になりますので、次頁の一覧で押さえておいてください。

偏《へん》旁《ぼう》冠《かん》脚《きゃく》から攻める！

偏《へん》 文字の左側 （例）村【きへん】 論【ごんべん】

旁《つくり》 文字の右側 （例）願【おおがい】 別【りっとう】

冠《かんむり》 文字の上部 （例）安【うかんむり】 等【たけかんむり】

脚《あし》 文字の下部 （例）思【こころ】 熱【れんが】

垂《たれ》 文字の左側を覆う部分 （例）原【がんだれ】 広【まだれ】

構《かまえ》 文字の外側を囲む部分 （例）間【もんがまえ】 国【くにがまえ】

繞《にょう》 文字の左側から下に至る部分 （例）連【しんにょう】 延【えんにょう】

ここでは「部首名」とその代表的なくずしの字形を一覧にしています。これらは漢字のくずし字を解読する上で、最も基本的な知識になりますから、代表的なくずしは何度も〝書いて覚える〟ようにしてください。

それでは「第二章　部首による漢字解読攻略法」の本編に入ります。

部首別に、該当する漢字のくずし字を列記していますので、確認しながら第二章の最後まで目を通してください。

※一覧の（　）内の漢字は異体字・旧字です。

偏

偏《へん》

文字の左側

偏の見分け方

にんべん

基本的な字形はです。ただし（休）のように縦一本線で書かれることもありますので注意してください。【亻《にんべん》】の漢字はたくさんあります。ここでは【亻《にんべん》】の右側のくずし字形を確認しながらそれぞれの漢字を押さえてください。

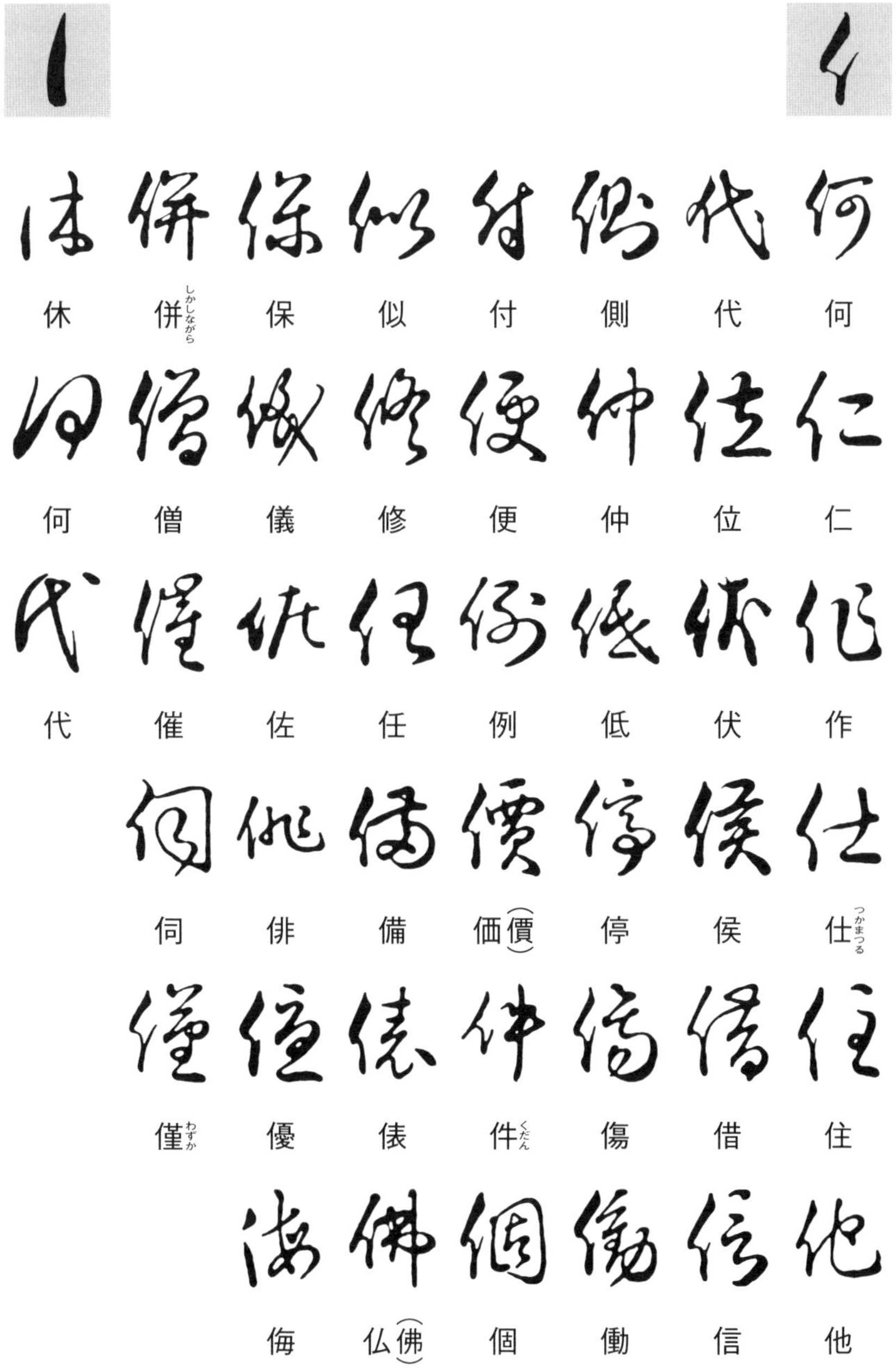
何 代 側 付 似 保 併《しかしながら》 休
仁 位 仲 便 修 儀 僧 何
作 伏 低 例 任 佐 催 代
仕《つかまつる》 侯 停 価（價） 備 俳 伺
住 借 傷 件《くだん》 俵 優 僅《わずか》
他 信 働 個 仏（佛） 侮

言　＝ごんべん＝

基本的な字形は𧮫となります。きちんと書かれていれば言、多少くずした言がありますが、これらは「言」と読めます。

ここでは𧮫は【言】と覚えてください。

かなりくずされるとしになることがあり、この場合は右側のくずしと合わせて考える必要があります。

たとえば「講」が講⇩講⇩講と違う字形で書かれるのは、くずしの程度が進むにつれて【言】（ごんべん）が言𧮫しになるからなのです。

したがって【言】（ごんべん）は言𧮫しの三つの字形を覚えてください。

記　記

語　語

論　論

謹　謹

訴　訴

計　計

※「計」は計のように「斗」に見えるくずしで出てくることがあります。

※言のようになることもあります。

話	試	誤	詰	読(讀)	証(證)
詩	説	討	訳(譯)	認	詞
談	許	訪	誠	評	訓
調	識	諸	講	護	誕
課	謝	誰	詔	請	誘
議	設		誌		

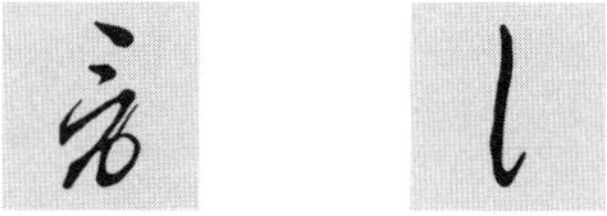

の順に【言《ごんべん》】の漢字を並べましたが、ここに挙げたどの漢字ものようにくずして書かれることは、いうまでもありません。

【足《あしへん》】のくずしも【言《ごんべん》】に似ています。

跡

跡

路

距

さんずい

基本的な字形はとなります。少しくずれると、さらにくずれるとになります。したがって【氵《さんずい》】はの三つの字形を覚えてください。

なお、これは【彳《ぎょうにんべん》】も同じくずしになります（☞84頁）

どの【氵《さんずい》】の漢字ものいずれかで書かれています。

演　湊《みなと》　池　済　湖　洋　活

混　況　浮　深　油　沿　温

準　河　波　源　潔　漁　漢

激　決　海　流　減　治　酒

法　洗　浅　滋　清　消

満　注　測　浴　湯

ぎょうにんべん

【彳《ぎょうにんべん》】はそのまま読めるのほか、と書かれることもあります。やのようにくずしが進むことがあるので、これも押さえておく必要があります。なお、「行」「衛」「術」「街」「衝」は【彳《ぎょうにんべん》】ではなく【行《ぎょうがまえ》《ゆきがまえ》】です（☞109頁）。【氵《さんずい》】のくずしと似ているので注意してください。

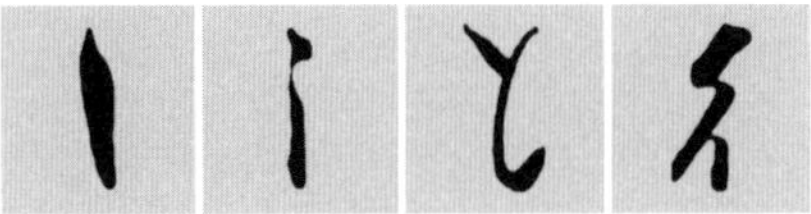

彼　得　径（徑）　従

待　後　後　徳

役　従　律　徒

往（徃）　御

復　得

糸 いとへん

基本的な字形はとの二つです。もちろん、（純）のように【糸《いとへん》】であることが一目でわかるくずしもあります。また、とはどちらも「縁」のくずしであるように、ここで挙げる漢字はとのどちらでも書かれます。

終　統　約　縁　織

紺　縮　納　練　絶

級　組　結　絹

綿　紀　編　縦

総（總）　紙　細　絵（繪）

線　給　続（續）

【糸《いとへん》】のに似たくずしに次のようなものがあります。

【歹《かばねへん》】 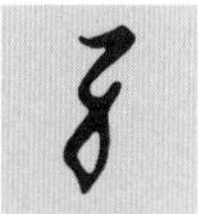

死

殊

残

【子《こどもへん》】 

孫

孤

孔

▼「子」が下に来る漢字

字

季

学

孝

存

【弓《ゆみへん》】 

引

張

強

弱

【弓《ゆみへん》】は（引）のようにくずされていれば読むのは容易ですが、・のように、くびれが三つになる場合と、のように【糸《いとへん》】に近い字形になることもあります。したがって、は、まず【糸《いとへん》】で考え、うまくいかなければ【歹《かばねへん》】【子《こどもへん》】【弓《ゆみへん》】で考えてください。

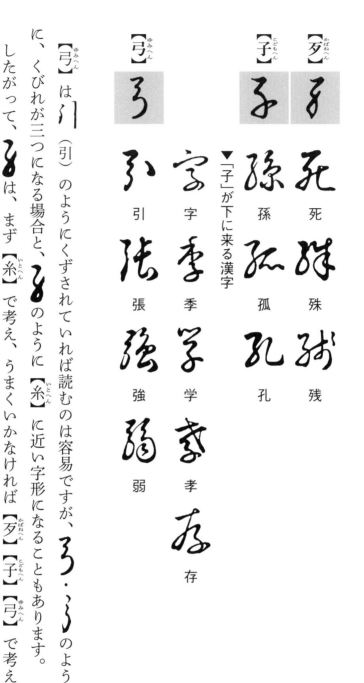

木 きへん

基本的な字形はです。ここでは【木《きへん》】を中心に、似ている偏との区別ができるように整理しておきます。【木《きへん》】【扌《てへん》】【禾《のぎへん》】【方《ほうへん》】【犭《けものへん》】の五つは紛らわしいので比べながら違いを確認してください。

【木《きへん》】【扌《てへん》】【禾《のぎへん》】【方《ほうへん》】【犭《けものへん》】

【木《きへん》】と【扌《てへん》】を見極める方法

＝【木《きへん》】　＝【扌《てへん》】　※斜め線の書き方が逆方向になります。

【禾《のぎへん》】の特徴　【木《きへん》】の木の上に「ノ」や「丶」が付いています。

【方《ほうへん》】の特徴　のように縦線にややふくらみがあり跳ねがあがります。

【犭《けものへん》】の特徴　【木《きへん》】に似たくずしになりますが、始筆がややななめに右から左にのように書かれます。

【木《きへん》】

木 横 様 機 極 杯《さかずき》

梅 桜 枯 棲《すむ》 橋 根

植 柱 板 札 検（檢） 構

枝 株 権 枚 模 松

檀 格 机 樹 枕

▼「木」を含む漢字

林 森 果 菓 麻

栄 巣 梨 末 未

※「菓」は【艹《くさかんむり》】、「麻」は【麻《あさかんむり》】、「巣」は【⺍《つかんむり》】または【木《き》】が部首です。

【扌《てへん》】

相

▼注意！「相」の部首は【木《きへん》】ではなく【目《め》】です。偏は【扌《てへん》】のようにくずされることが多いので覚えてください。

押　折　採　揮　掛

投　提　授　推　掃

持　拾　招　探　捕

指　捨　接　操　抑

打　技　損　排

【禾】(のぎへん)

秋 秋
積 積
移 移
程 程
私 私

【禾】(のぎへん)

税 税
種 種
租 租
科 科

【方】(ほうへん)

族 族
旅 旅
旗 旗
放 放

【犭】(けものへん)

独(獨) 独
犯 犯
狭 狭
猶 猶

【犭】

獲 獲
狩 狩
猛 猛

＝＝ その他の偏 ＝＝

代表的な偏を挙げてきましたが、偏は他にも数多くあります。ここではその他の偏について説明していきます。

まず【ネ】(しめすへん)と【ネ】(ころもへん)です。この二つはほぼ同じに見えます。

【礻】(しめすへん)　【衤】(ころもへん)　【忄】(りっしんべん)　【巾】(はばへん)

社　神　複　裸　快　情　帳

福　祈　補　　悔　慣　幅

祝　　袖　　悦　性

祖　　　　　悟　恨

礼(禮)　　　　惜

▼似ている偏のくずし

状

収

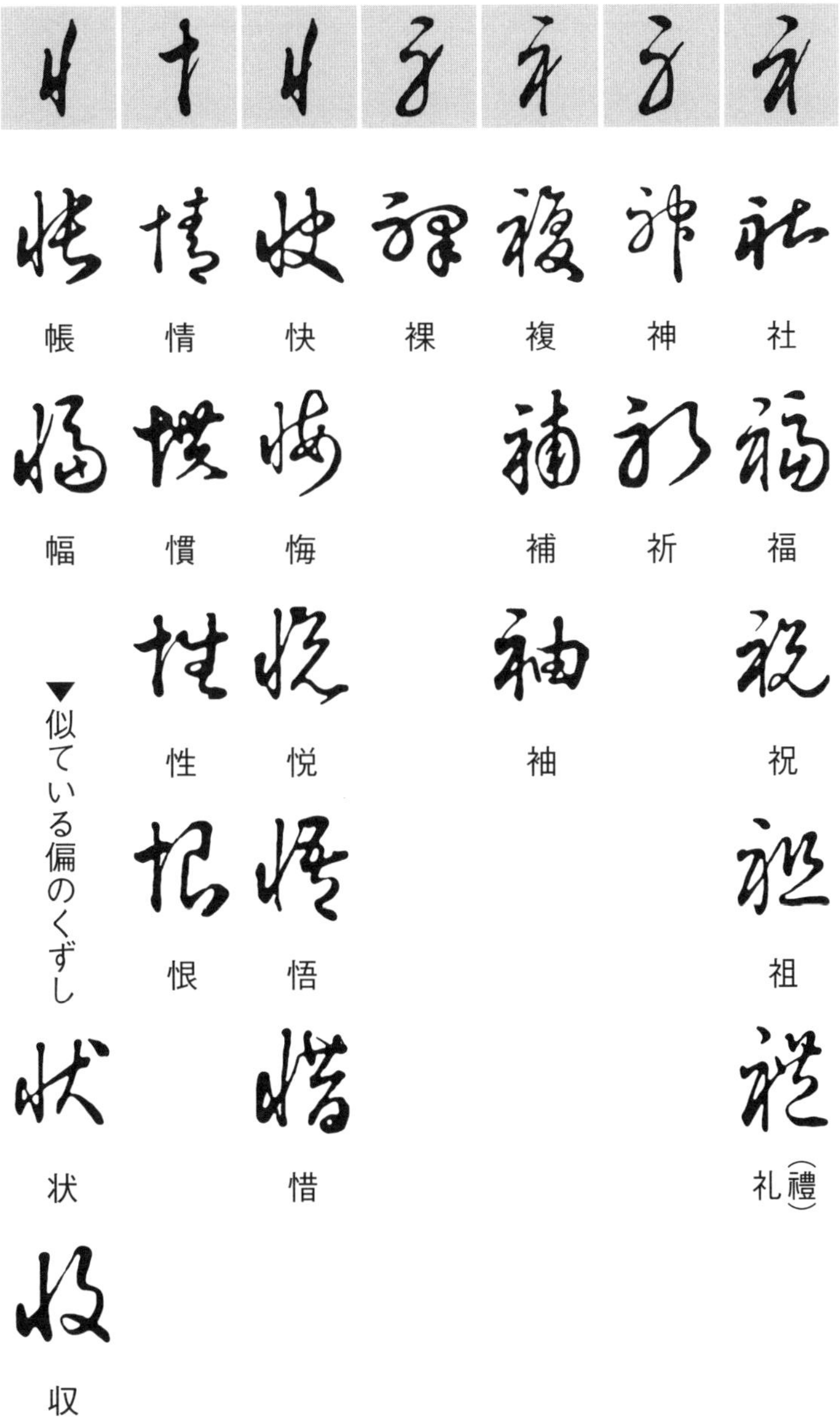

※【巾】(はばへん)のくずしは【忄】(りっしんべん)と同じくずしになります。

【阝】《こざとへん》

陸 阪 随 院

限 陰 陽 階 隊 際

防 障 除 降 険(險)

【月】《にくづき》【月】《つきへん》

脈 肥 朋＊

脇(脇) 脚 脳 腹 腸 服＊

＊の【月】《つきへん》の漢字以外は【月】《にくづき》の漢字です。

【耳】《みみへん》

聴 聊《いささか》

職 恥(耻)

【山】《やまへん》

峰　崎

▼上部が「山」

炭　岸

▼下部が「山」

密

【米】《こめへん》

粉　精　料

【食】《しょくへん》

飲　飯　飼　飾　館

賄《まかない》　賑《にぎわい》

賜　貯

【貝】《かいへん》

贈

【角】《つのへん》

解（鮮）　触（觸）

【馬《うまへん》】

【至《いたるへん》】

【金《かねへん》】

【車《くるまへん》】

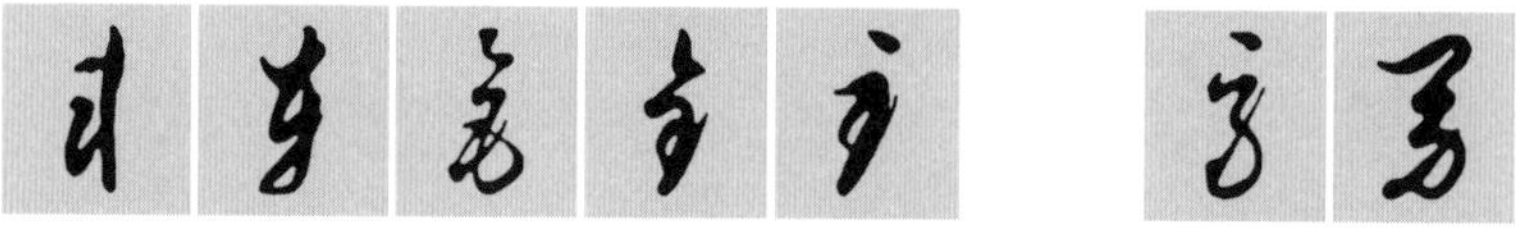

駅（驛）

騒

験（驗）

騎

駒

▼「鳥」のくずしも確認

鳥

鳴

鶏

鶴

致

▼「至」を含む漢字

到

※部首は【刂《りっとう》】

銀

鉄（鐵）

銅

針

鎌

銭

銘

軽（輕）

輪

転（轉）

輸

軽（輕）

▼「車」を含む漢字

庫

軍

揮

連

※「庫」は【广《まだれ》】、「軍」は【車《くるま》】、「揮」は【扌《てへん》】、「連」は【⻌《しんにょう》】が部首です。

【土】《つちへん》
地　坂　塩　境　均　増

【王】《おうへん》
理　現　珍（珎）

【石】《いしへん》
研　破　砂　確

【舟】《ふねへん》
舟　般　船（舩）　航

【口】《くちへん》
味　咲　嘆　唱　呼　吐

※「連」はのくずしも押さえておいてください。

旁《つくり》

文字の右側

旁の見分け方

旁《つくり》の見分け方で、ぜひ覚えておきたいのは【彡《さんづくり》】【頁《おおがい》】【欠《あくび》】【月《つき》】【阝《おおざと》】の五つです。これらについて旁から導く有効な解読攻略法を紹介します。具体的に挙げてみます。

【彡《さんづくり》】

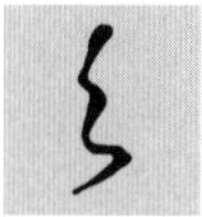

影

形

彩

彫

▼「彡」を含む漢字

杉

※部首は【木《きへん》】

【頁《おおがい》】

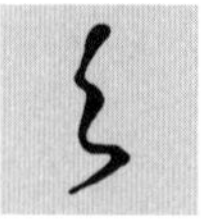

顔

願

頭

順

領

頼

▼「頁」と読めるくずし

額

預

▼特殊なくずし

頂

【欠《あくび》】

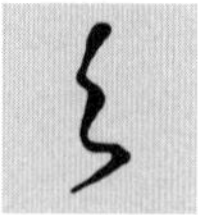

次

欲

歓

▼「欠」と読めるくずし

歎（欵）

歌

ほとんどがといううくずしで共通しています。これが漢字の右側にある場合【彡《さんづくり》】【頁《おおがい》】【欠《あくび》】のどれかをあてはめれば、解読につなげることができます。

例

手《て》形《がた》

奉《(たのみたてまつり)》レ頼候《そうろう》

下《げ》知《ち》次《し》第《だい》

次の【月《つき》】と【阝《おおざと》】はといううくずしで共通しています。

【月《つき》】

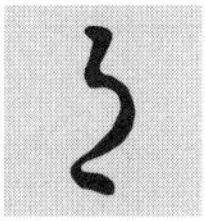

期

朝

朗

朔

▼「月」を含む漢字

明

※部首は【日《ひへん》】

【阝《おおざと》】

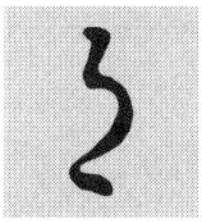

郡

郎

都

が漢字の右側にあれば【月《つき》】【阝《おおざと》】のどちらかと考えて解読してみてください。

【彡《さんづくり》】【頁《おおがい》】【欠《あくび》】　※真ん中に膨《ふく》らみがありません。

【月《つき》】【阝《おおざと》】　※真ん中に膨らみがあります。

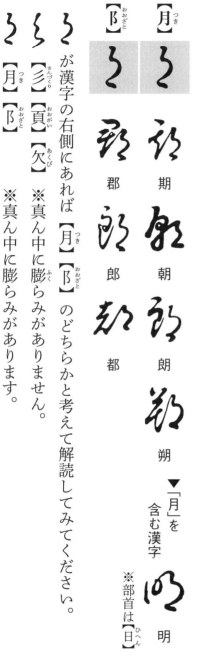

次は右側がになっている漢字です。

【斤《おのづくり》】 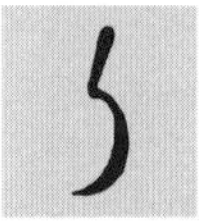

 断

▼「斤」を含む漢字

 折 ※部首は【扌《てへん》】

 祈 ※部首は【ネ《しめすへん》】

▼注意！「所」は【斤《おのづくり》】ですがなどのくずし字形があります。

に似たくずしの字形に「亍」と「干」があります。

が右側にあったら、【斤】もしくは「亍」「干」のどれかと考えてください。

例 亍 （行） 干 （肝）

※これに少し似たくずしの（丂）もあります。 例 （巧）

が出てきたら、まず【刂《りっとう》】と考えてください。

【刂《りっとう》】 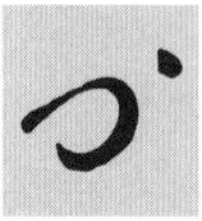

 列

 別

 前

 到

 副

 制

 則

▼「刂」と読めるくずし

 列

 別

▼「刂」を含む漢字

側

例

※部首はいずれも【亻《にんべん》】

【攵《のぶん》】

救

敵

改

敗

政

次のように上部のないで書かれるくずしも押さえておいてください。

教

散

敷

故

▼注意！【攵《のぶん》】と似たくずしに(支)があります。

（いずれも「枝」）

【殳《るまた》】

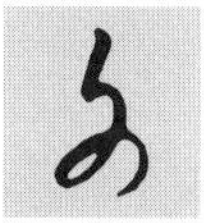

殺

▼「殳」を含む漢字

投

※部首は【扌《てへん》】

穀

※部首は【禾《のぎへん》】

▼注意！【攵《のぶん》】と同じくずしになることがあります。

▼変則的な【殳《るまた》】のくずし

殿

段

没

※部首は【氵《さんずい》】

【隹《ふるとり》】にはいろいろなくずしがありますが、次の三つを覚えてください。

【隹《ふるとり》】

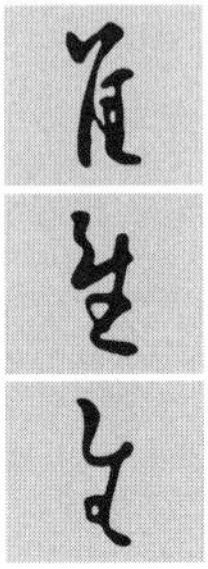

▼「隹」を含む漢字

難

離

雖《いえども》

雑

誰
※部首は【言《ごんべん》】

推
※部首は【扌《てへん》】

【卩《ふしづくり》】

即

却

▼「卩」と読めるくずし

却

その他、次の「卒（卆）」と「交」のくずしも覚えておいてください。

▼「卒」のくずし

粋（粹）

酔（醉）

▼「交」のくずし

校

効

冠

冠《かんむり》

文字の上部

冠の見分け方

【冖】《わかんむり》

冠　冥　富（冨）

【宀】《うかんむり》

富　宣　定　実　宮

寄　家　寒　宿　宅

▼注意！「写」は【冖】《わかんむり》ですが、旧字では（寫）なので【宀】《うかんむり》になります。

【穴】《あなかんむり》

究　突

空　窓（窻）　窮

【竹】 (たけかんむり)

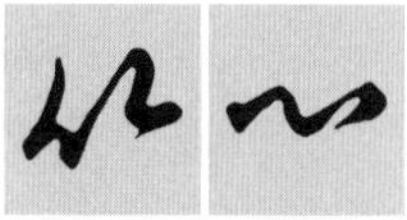

▼上部が【艹】のような
くずしになることも

※これらは異体字の「苔」「節」「筆」をくずした字形だという説もありますが、ここで
は異体字を覚えるより 【艹】(くさかんむり)のように見える 【竹】(たけかんむり)があると覚えてください。

第 第
箱 箱
筋 筋
符 符
算 算
管 管
笑 笑
築 築
箇 箇
答 答
節 節
筆 筆

【艹】 (くさかんむり)

茶 茶
草 草
荷 荷
薄 薄
若 若
蔵 蔵

▼注意! 似ている頻出漢字 「前」も押さえておいてください。

【耂】 (おいかんむり)

考 考
者 者
老 老

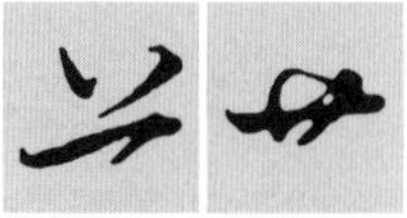

【ツ《つかんむり》】

単

巣

営

▼「ツ」を含む漢字

労 ※部首は【力《ちから》】

栄 ※部首は【木《き》】

覚 ※部首は【見《みる》】

【雨《あめかんむり》】

雲

霜

需

霧

露

雷

雪

【虍《とらかんむり》】

虎

虚

処（處）

▼でないくずし

慮 ※部首は【心《こころ》】

※【雨《あめかんむり》】と【虍《とらかんむり》】のくずしはほぼ同じになっています。

【人《ひとやね》】

今

令

全

余

▼「人」を含む漢字

冷 ※部首は【冫《にすい》】

鈴 ※部首は【金《かねへん》】

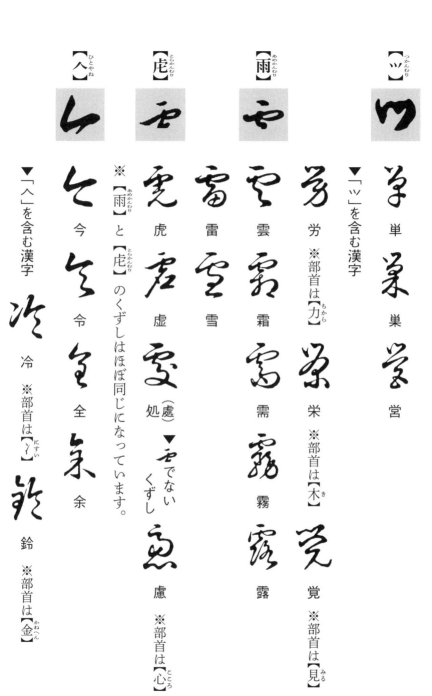

【罒】《あみがしら》

罪

罰（罸）

置

※（罷）のようにくずしが進むと上部が「一」になることがあります（☞33頁）。

【亠】《なべぶた》

亡

京

▼特殊な【亠】《なべぶた》

亦

▼「亠」を含む漢字

高

※部首は【高】《たかい》

市

※部首は【巾】《はば》

【癶】《はつがしら》

発（發）

発

登

※（登）は変体仮名では「と」のくずし字で出てきます（☞69頁）。

【⺌】《しょうがしら》

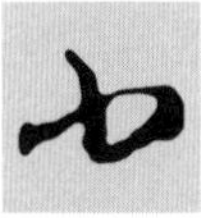

当（當）

尚

▼「⺌」を含む漢字

堂

※部首は【土】《つち》

常

※部首は【巾】《はば》

※（常）は（道）のくずしと似ているのでセットで覚えてください。

脚

脚《あし》

文字の下部

脚の見分け方

【心《こころ》】と【灬《れんが》】(「れっか」とも)は  か  になります。

※下部が「一」になっている場合は、【心《こころ》】か【灬《れんが》】だと考えてください。

恐

忠

悲

思

急

意

念

※「悪」のように「心」と読める以外に  や  になると覚えてください。

熱

点(點)

態

照

熟

黒

※部首は【黒《くろ》】

魚

※部首は【魚《うお》】

▼「灬」を含む漢字

【心《こころ》】

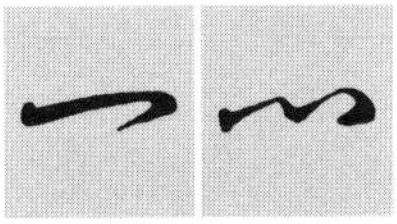

【灬《れんが》】

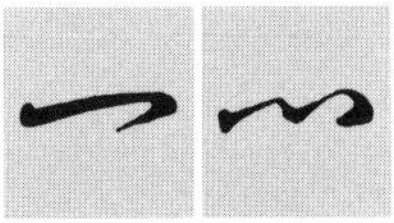

【皿《さら》】

盆

益

盛

盗

※漢字の一部分がになっていれば【皿《さら》】と解読してください。

※は上部が「成」(☞34頁)、下部が「皿」なので「盛」となります。

※【皿《さら》】に似た字に「血」があります。のように「皿」の上に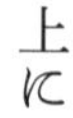が付いています。

同じく「血」のある「衆」は・のようになります。

【儿《ひとあし》】

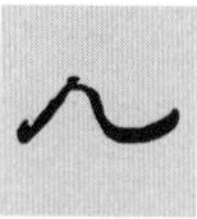

元

兄

先

児(兒)

免

※(免)は変体仮名の「め」の字母になります(☞70頁)。

▼「儿」を含む漢字

見　※部首は【見《みる》】

※「見」は多出するので押さえておいてください。

垂

垂《たれ》

文字の左側を覆う部分

垂の見分け方

基本の垂《たれ》は【厂《がんだれ》】になります。

【厂《がんだれ》】の上に丶が付いていれば【广《まだれ》】です。

【广《まだれ》】の斜め線がナになっていれば【疒《やまいだれ》】です。

【厂《がんだれ》】

原 厚 厘

【广《まだれ》】

店 度 度 座 康

【疒《やまいだれ》】

病 痛 痕 療

【尸《かばね》】

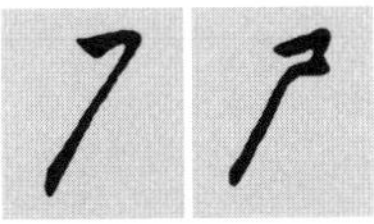

屋

屋 居 届

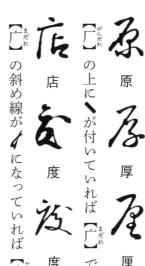

構 ■

構《かまえ》

文字の外側を囲む部分

構の見分け方

【門】《もんがまえ》

開

関

開

問

閉

閑

※その他、「間」のくずしと、「聞」(※部首は【耳】)のくずしも覚えてください。

【口】《くにがまえ》

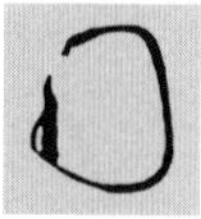

(國)国

回

困

固

(圍)囲

(圓)円

(團)団

※(国)、(「図」の旧字「圖」)のように「口」が「い」のように表記されることともあります。この「い」に見えるくずし字は他に「白」があります。

【行《ぎょうがまえ》《ゆきがまえ》】

行

衛

街

※右上に「丶」がつく【行《ぎょうがまえ》《ゆきがまえ》】もあります。

術

衝

【戈《ほこがまえ》】

或

▼その他のくずし

我

我

※「我」と(家)との違いは上部で見分けます。

※次の「成」のくずしと「成」を含む漢字も押さえてください。

成

▼「成」を含む漢字

城

※部首は【土《つちへん》】

盛

※部首は【皿《さら》】

※なお、「成」とくずしが似ている(来)は終筆が下がります。一方、(成)は上にはねます。

▼「戈」を含む漢字

戦

※部首は【戈《ほこづくり》】

惑

※部首は【心《こころ》】

歳

※部首は【止《とめる》】

【弋《しきがまえ》】

弐

式

▼「弋」を含む漢字

武

※部首は【止《とめる》】

▼【戈《ほこがまえ》】と【弋《しきがまえ》】の決定的な違い

【戈《ほこがまえ》】＝「ノ」がある 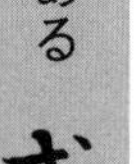（或）

【弋《しきがまえ》】＝「ノ」がない 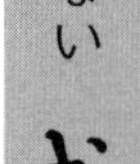（式）

※【戈《ほこがまえ》】に似た字形に、文末などに来る終助詞の「哉」があります。

読みは「や」「か」「かな」で、意味は「…だなあ」「…であろうか」です。

これはと書かれます。「哉」は【口《くち》】の漢字です。

饒

饒《にょう》

文字の左側から下に至る部分

饒の見分け方

【辶《しんにょう》】

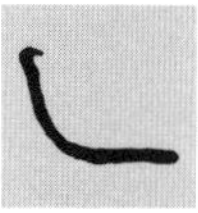

過

通

遺

運

遠

進

避

送

近

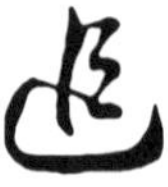

追

返　達　連　途

▼注意！「道」はのくずしがよく見られます。

※「辶」（一点しんにょう）と「辶」（二点しんにょう）の二種類がありますが、常用漢字では「辶」（一点しんにょう）で表記しています。

【廴】《えんにょう》

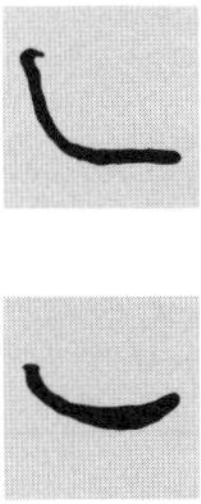

延　建　廷

【走】《そうにょう》

越　起　趣

※「趣」はのくずしもあります。

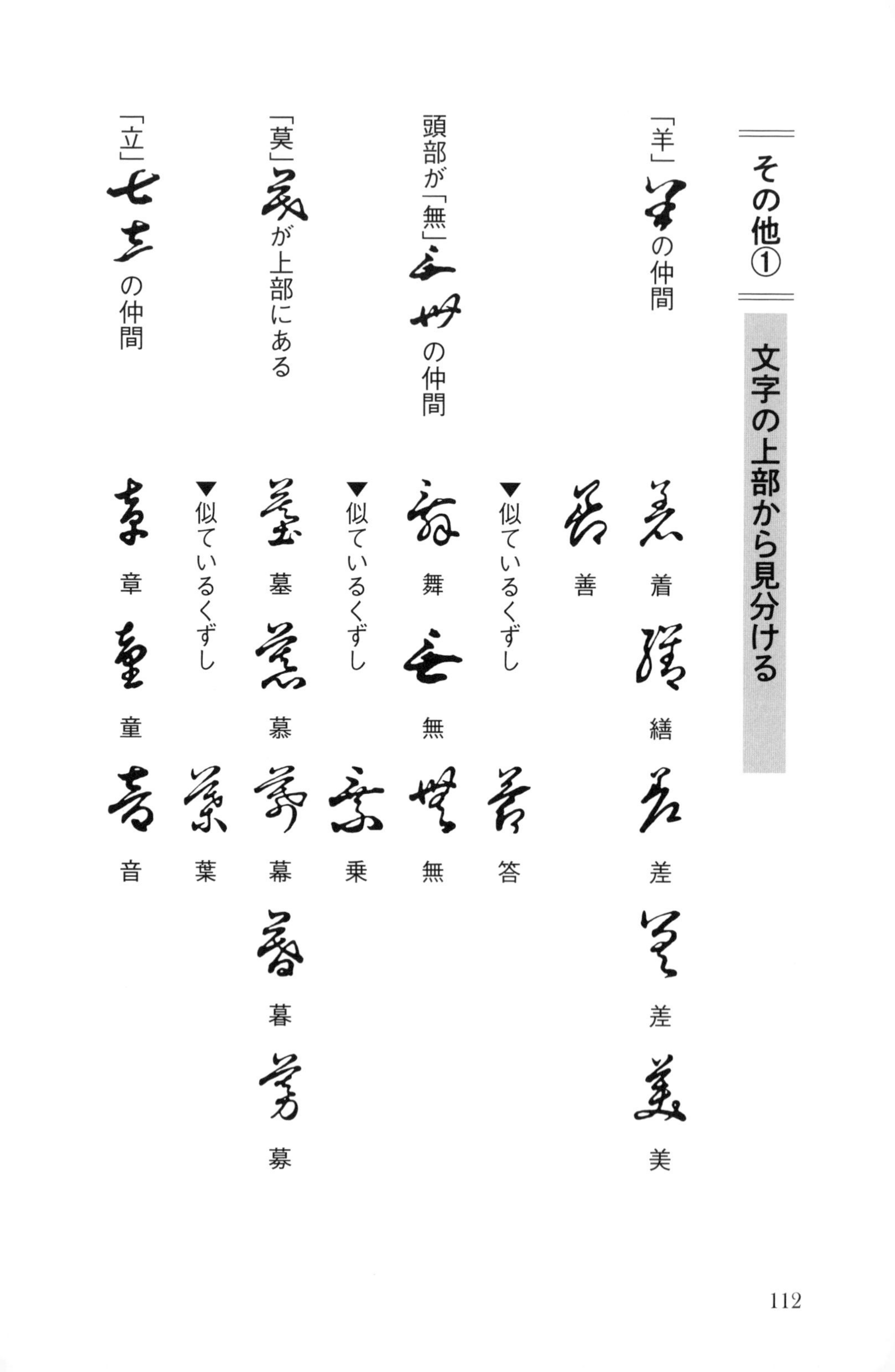

その他①

文字の上部から見分ける

「羊」の仲間

着　繕　差　差　美

善

▼似ているくずし

答

頭部が「無」の仲間

舞　無　無

▼似ているくずし

乗

「莫」が上部にある

墓　慕　幕　暮　募

▼似ているくずし

葉

「立」の仲間

章　童　音

「其」の仲間

其　基　期　甚

▼似ているくずし

某

その他②

文字の一部分から見分ける

下部が「貝」

「貝」のくずしは三段階。例「費」↓❶↓❷

❶

賞　費　資　賛　貢

責　貸　貧　質

❷

貨　賀　貫

※（貴）は（豆）のくずしに似ています。例（豊）

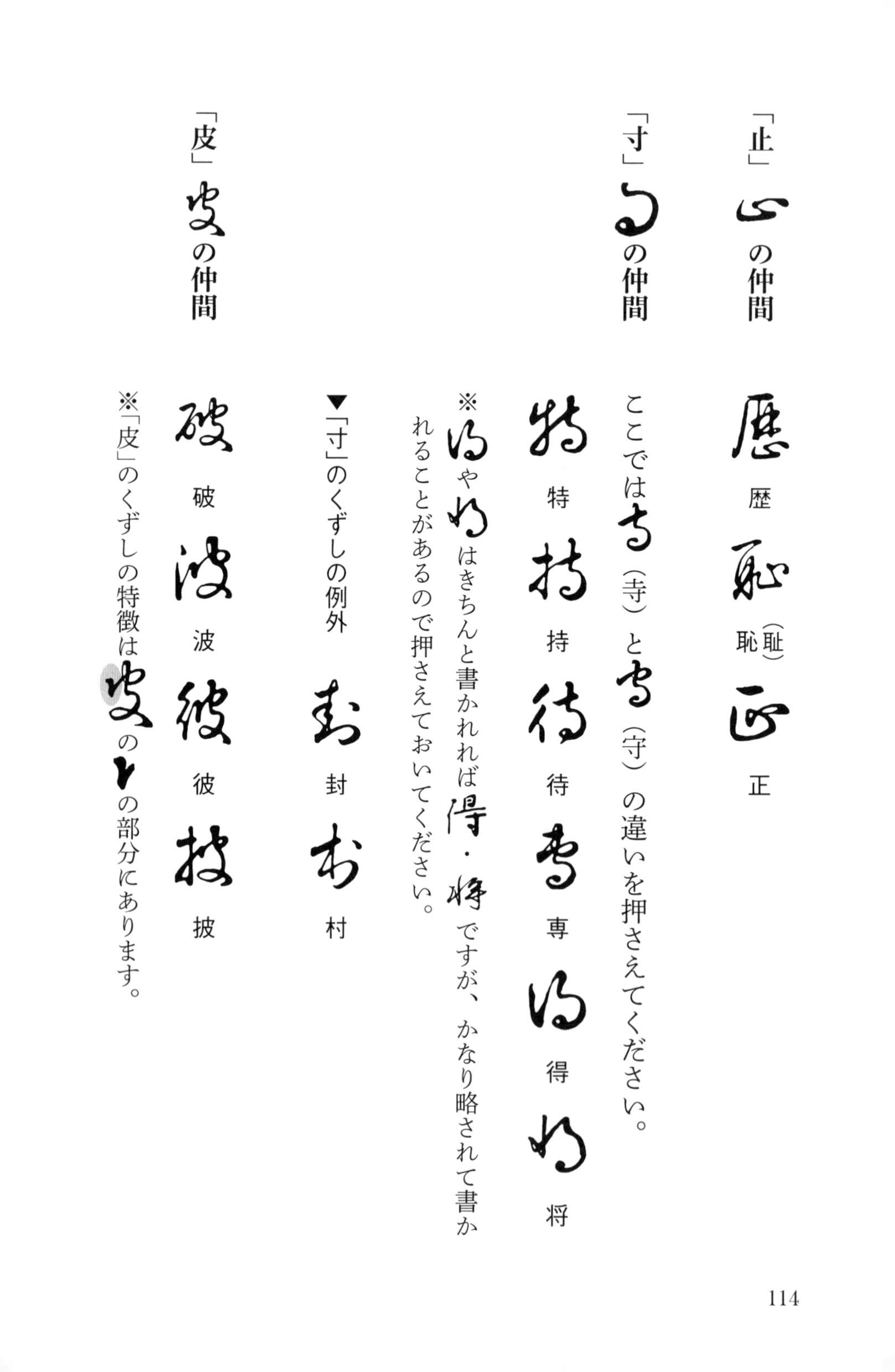

「止」の仲間

歴　恥（耻）　正

「寸」の仲間

ここでは（寺）と（守）の違いを押さえてください。

特　持　待　専　得　将

※やはきちんと書かれれば・ですが、かなり略されて書かれることがあるので押さえておいてください。

▼「寸」のくずしの例外

封　村

「皮」の仲間

破　波　彼　披

※「皮」のくずしの特徴はの部分にあります。

「易」の仲間

※「易」のくずしは「場」「掲」の右部分とも似ているので、偏から推測して解読します。右上の「日」が省略されるようなくずしになるのが特徴です。

「口」の仲間

「口」のくずし字形には・・の三種類があります。

部首編の漢字の復習問題

「部首による漢字解読攻略法」では、たくさんの漢字を部首別に整理しながら紹介してきましたが、くり返し学習することで実践的な解読力が確かなものになると思います。

そのためにここでは、第二章で出てきた漢字のくずしをテスト形式で出題します。第二章で出てきた順に並べ、☞で該当する頁数を入れて確認できるようにしました。

最初にヒントになる部首の代表的なくずし、下段には答えがあります。一回目、二回目と回を重ねるごとに解読の正解率がアップするようしっかり取り組んでください。

なお（　）内の漢字は、異体字・旧字です。それぞれの問題には、似たくずしなどの関連する漢字も入っていますのであわせて確認してください。

偏の問題1 【亻《にんべん》】

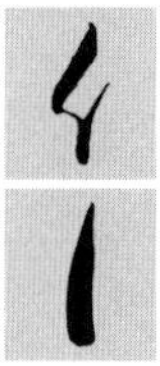

☞78・79頁

何
仁
作
仕《つかまつる》
住
他

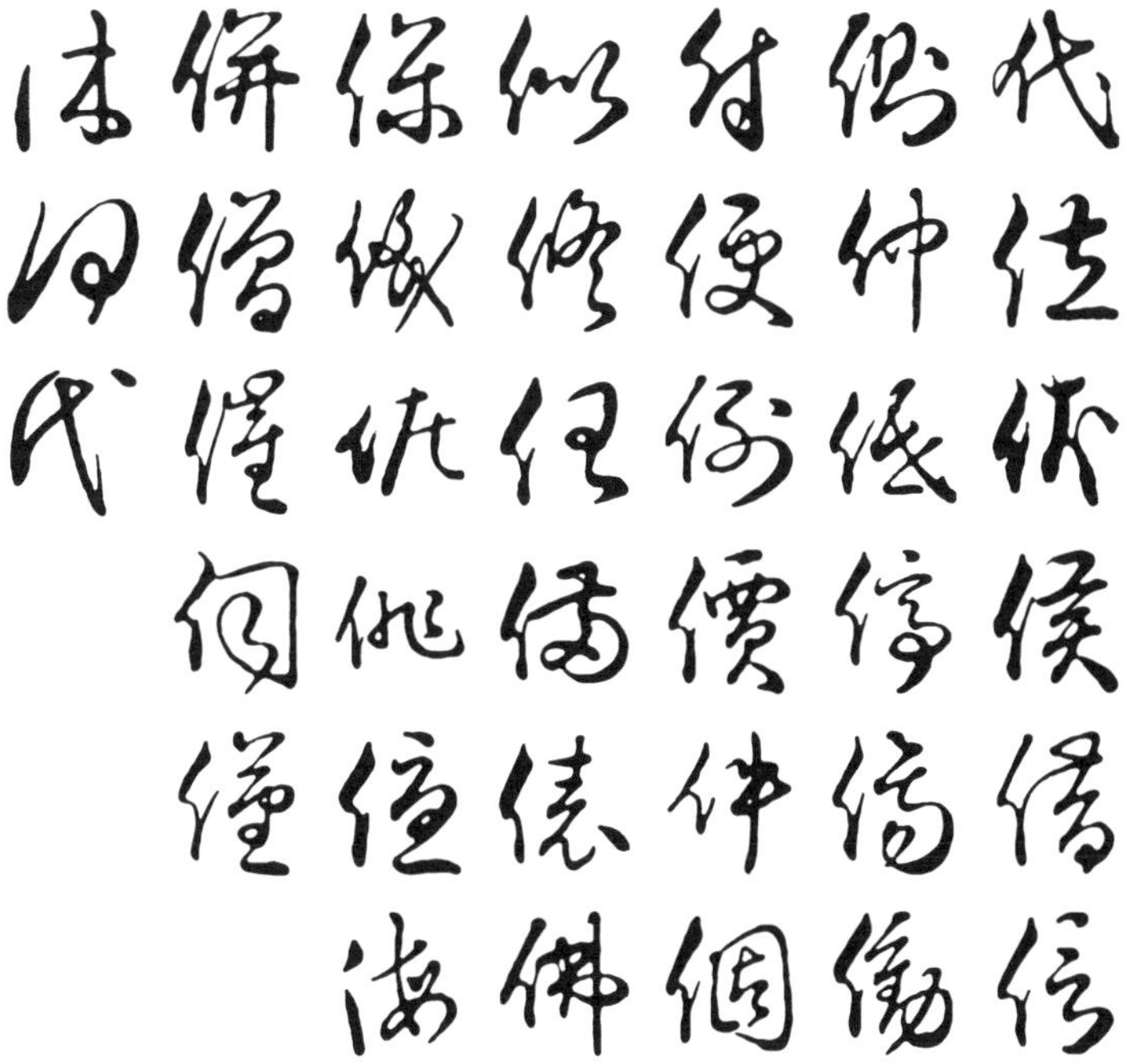

代 位 伏 侯 借 信

側 仲 低 停 傷 働

付 便 例 価(價) 件 個

似 修 任 備 俵 仏(佛)

保 儀 佐 俳 優 侮

併《しかしながら》 僧 催 伺 僅

休 何 代

偏の問題2

【言】《ごんべん》

言に似ている【足】《あしへん》

80〜82頁

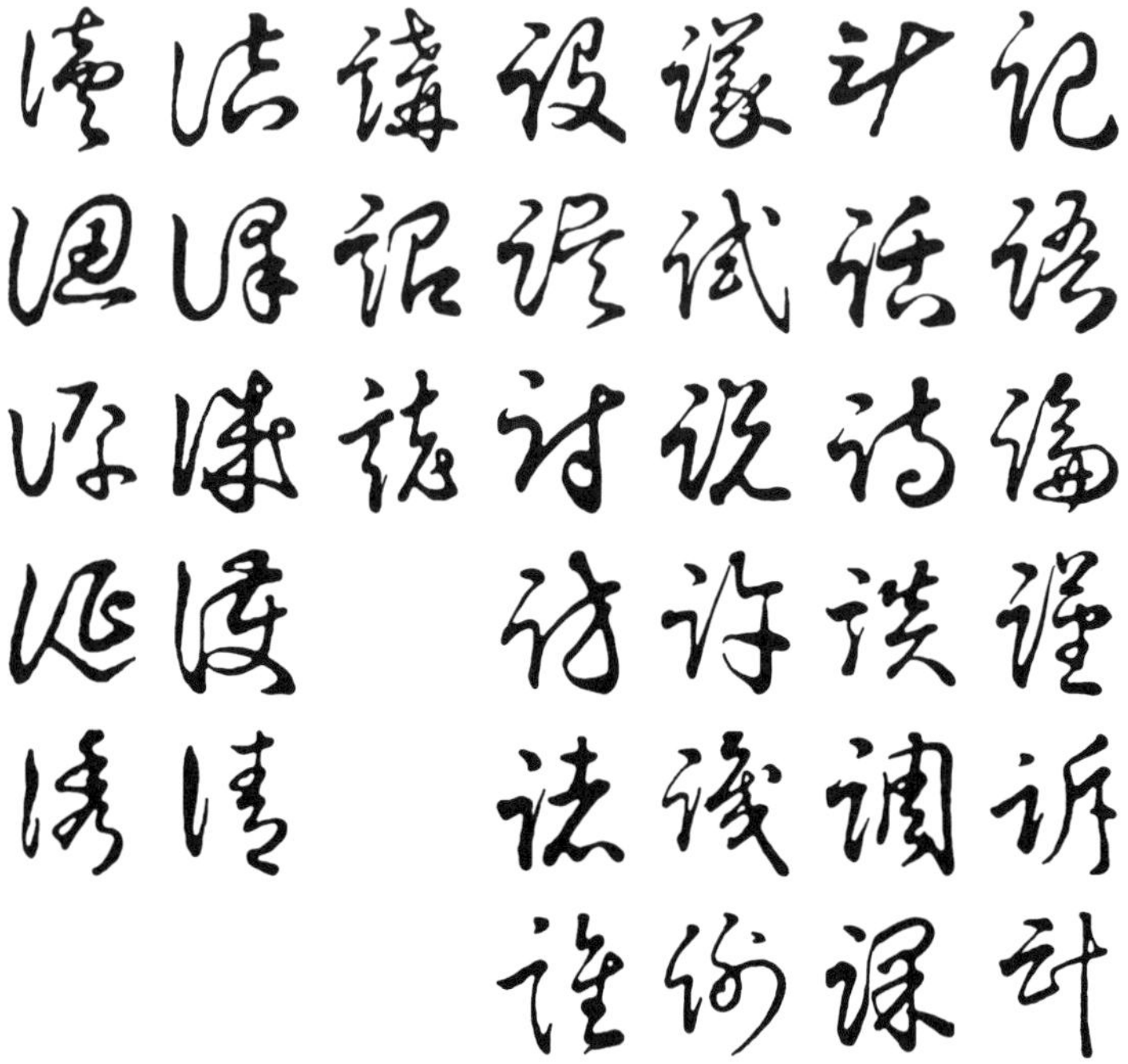

記 語 論 謹 訴 計

計 話 詩 談 調 課

議 試 説 許 識 謝

設 誤 討 訪 諸 誰

講 詔 誌

詰 訳(譯) 誠 護 請

読(讀) 認 評 誕 誘

偏の問題3

【氵《さんずい》】

証（證）　詞　訓

跡　跡　路　距

☞82・83頁

活　温　漢　酒　消　湯

洋　沿　漁　治　清　浴

湖　油　潔　減　滋　測

済　深　源　流　浅　注

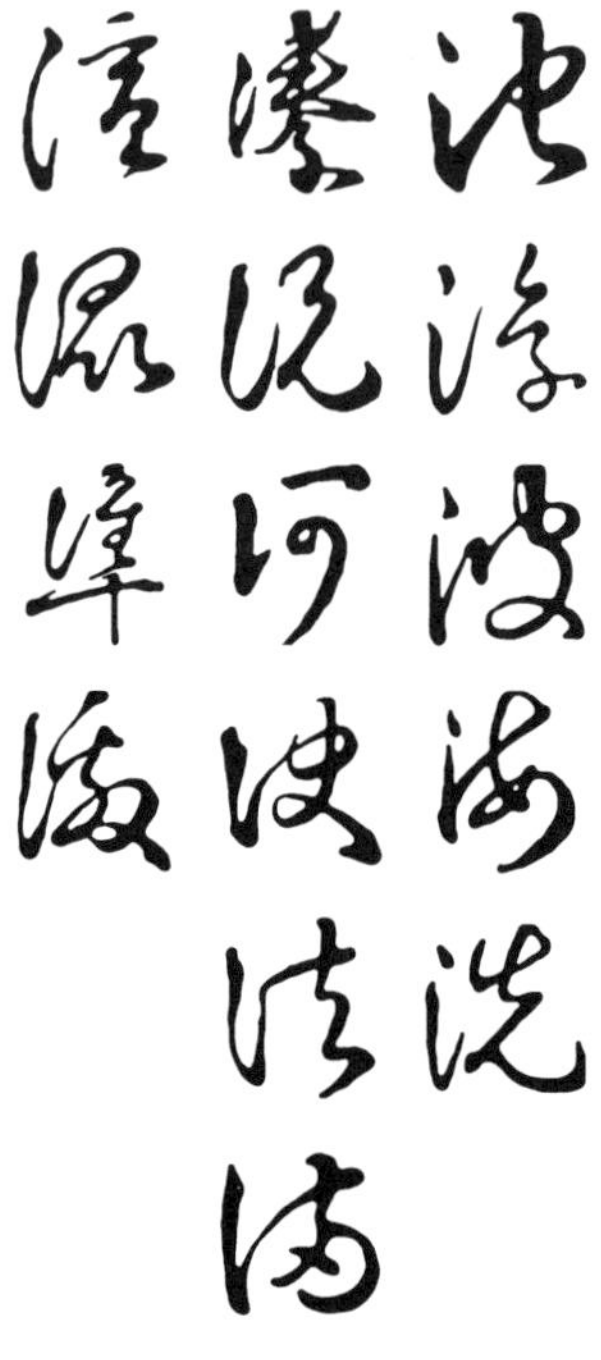

偏の問題4

【彳】《ぎょうにんべん》

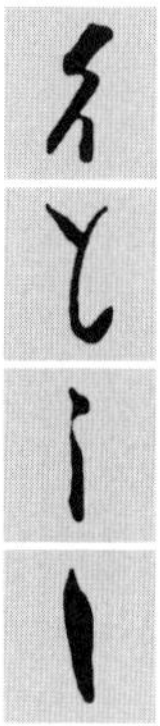

池 浮 波 海 洗

湊《みなと》 況 河 決 法 満

演 混 準 激

☞84頁

彼 待 役 得 後 従

径(逕) 後 律 往(徃) 復

従 徳 徒 御 得

偏の問題5

【糸】《いとへん》

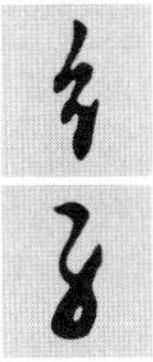

【歹】《かばねへん》

【子】《こどもへん》

【弓】《ゆみへん》

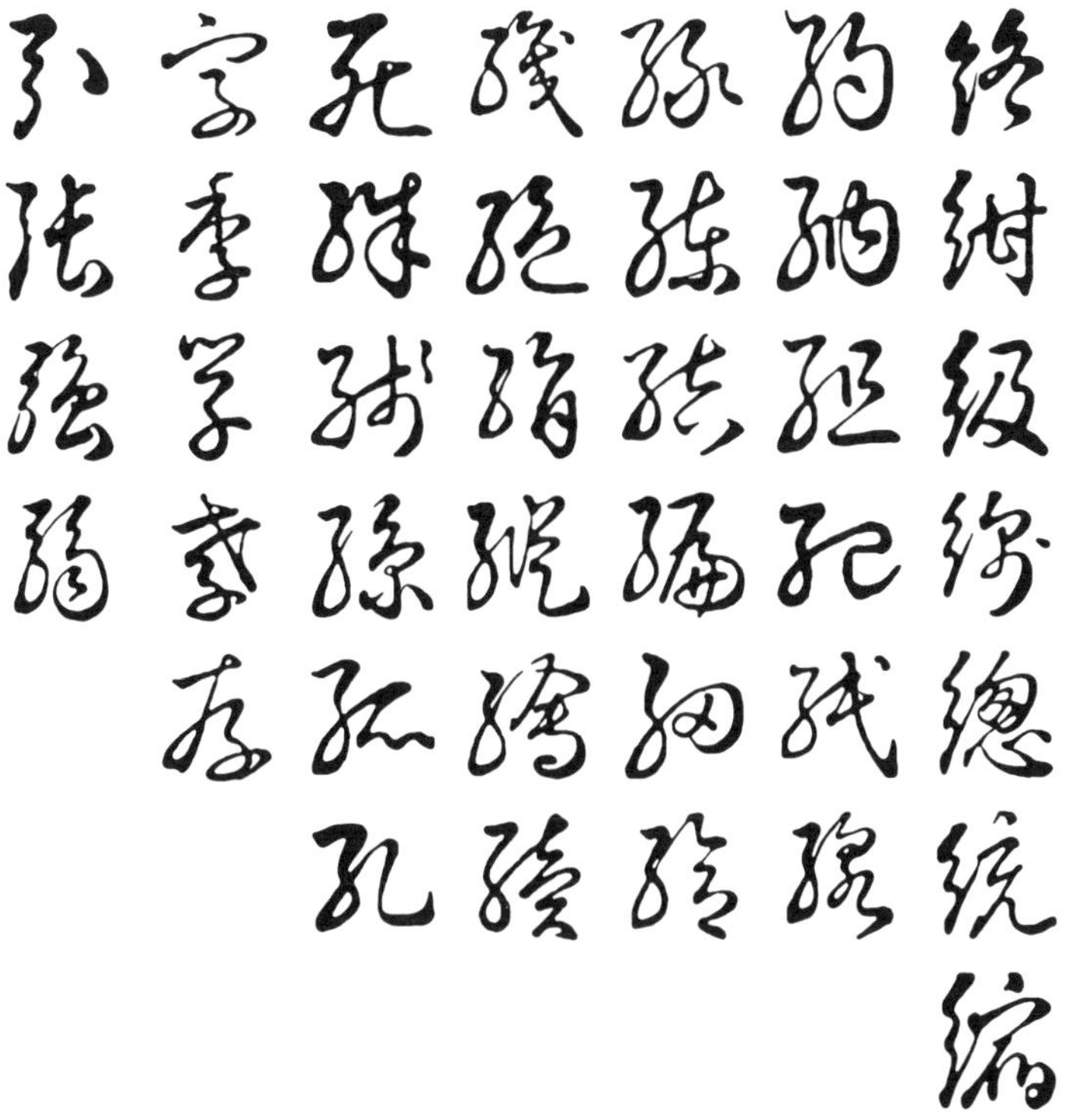

終紺級綿総(總)統縮

約納組紀紙線

縁練結編細給

織絶絹縦絵(繪)続(續)

死殊残孫孤孔

字季学孝存

引張強弱

☞85・86頁

偏の問題6

【木《きへん》】

（「木」を含む漢字）

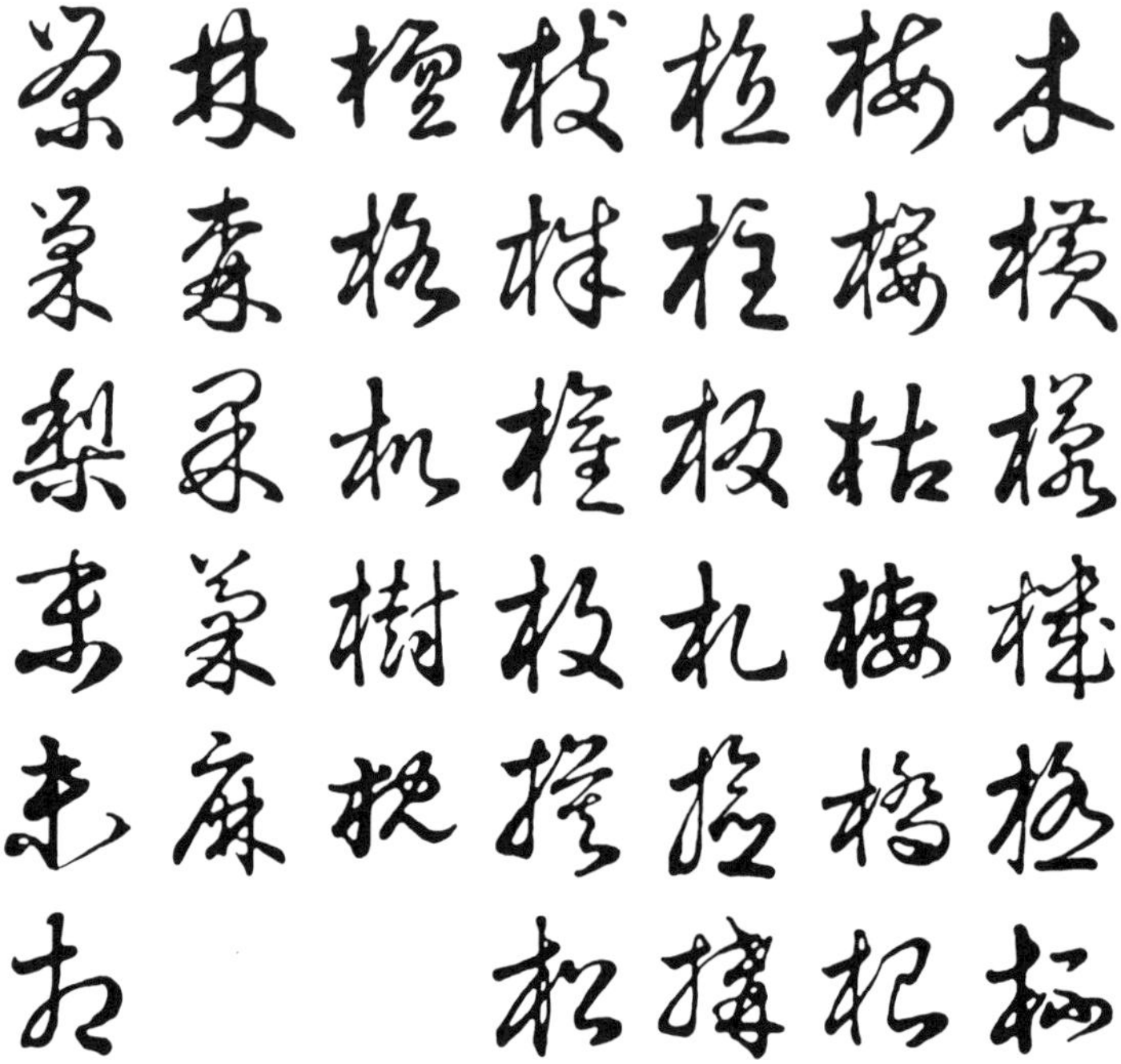

木　横　様　機　極　杯《さかずき》

梅　桜　枯　棲　橋　根

植　柱　板　札　検（檢）　構

枝　株　権　枚　模　松

檀　格　机　樹　枕

林　森　果　菓　麻

栄　巣　梨　末　未　相

☞87・88頁

偏の問題7

【扌】《てへん》

【禾】《のぎへん》

【方】《ほうへん》

【犭】《けものへん》

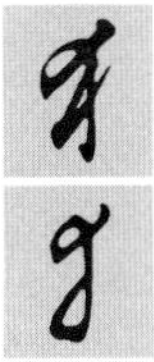

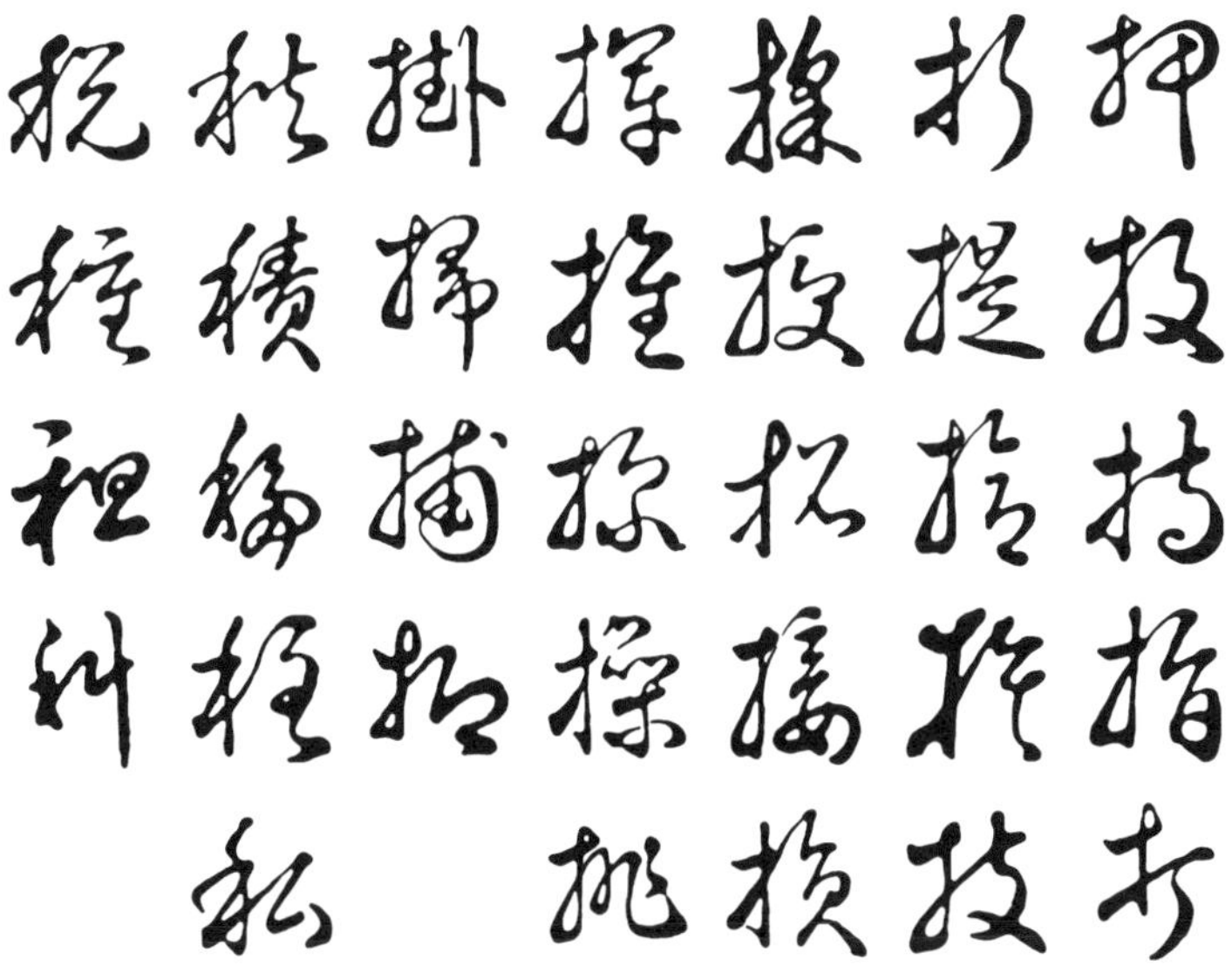

押　投　持　指　打

折　提　拾　捨　技

採　授　招　接　損

揮　推　探　操　排

掛　掃　捕　抑

秋　積　移　程　私

税　種　租　科

☞89・90頁

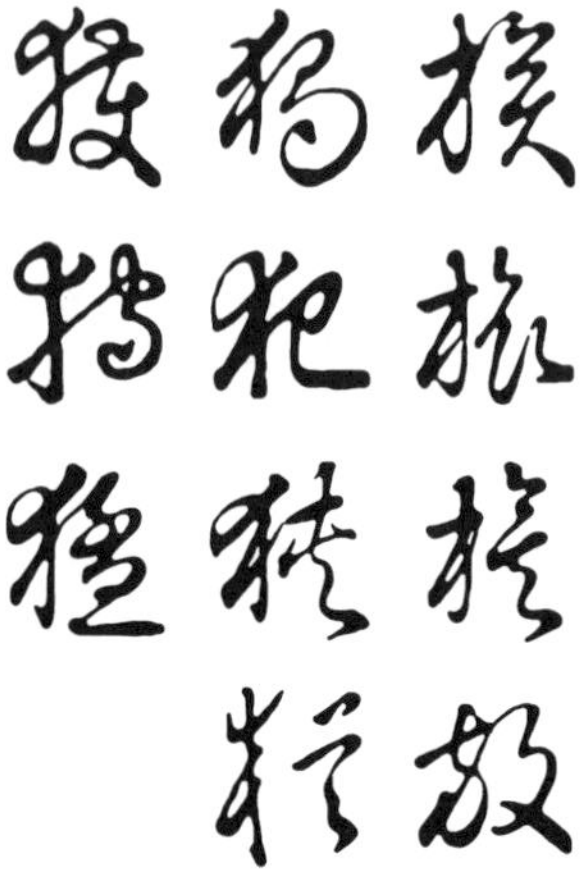

偏の問題8

【ネ《しめすへん》】

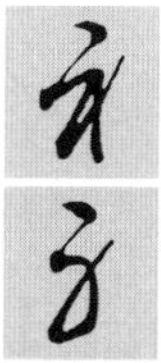

【衤《ころもへん》】

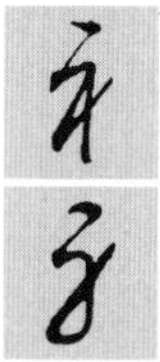

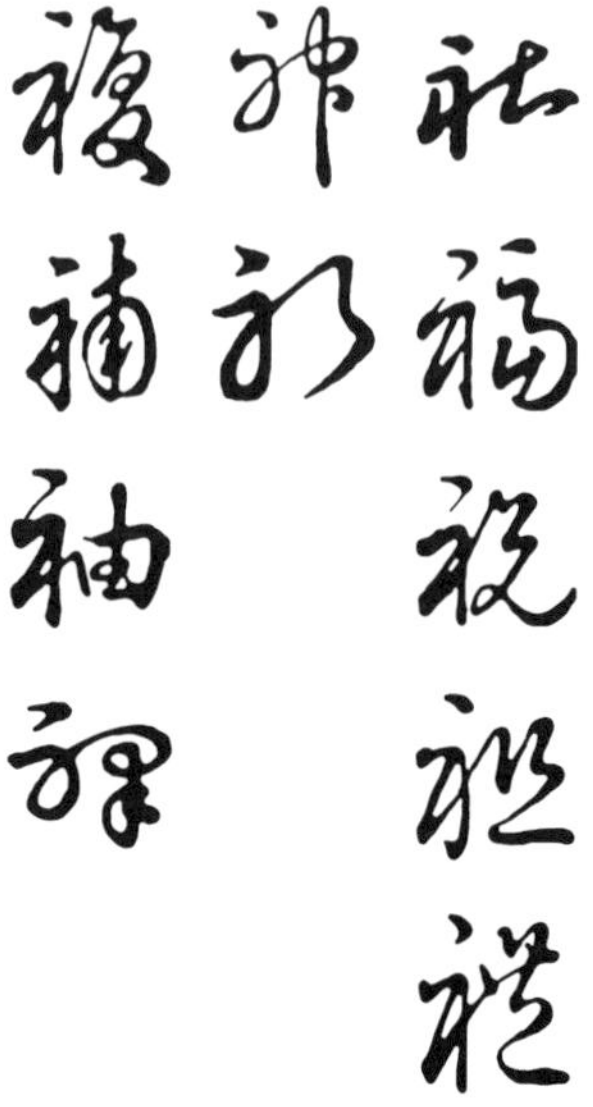

族 旅 旗 放

独(獨) 犯 狭 猶

獲 狩 猛

社 福 祝 祖 礼(禮)

神 祈

複 補 袖 裸

☞91頁

偏の問題9

【忄】《りっしんべん》

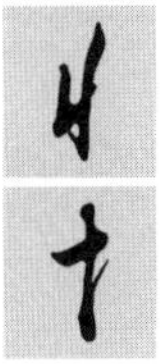

【巾】《はばへん》

【阝】《こざとへん》

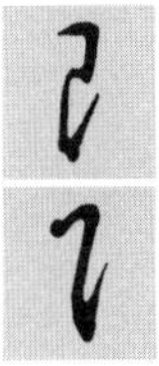

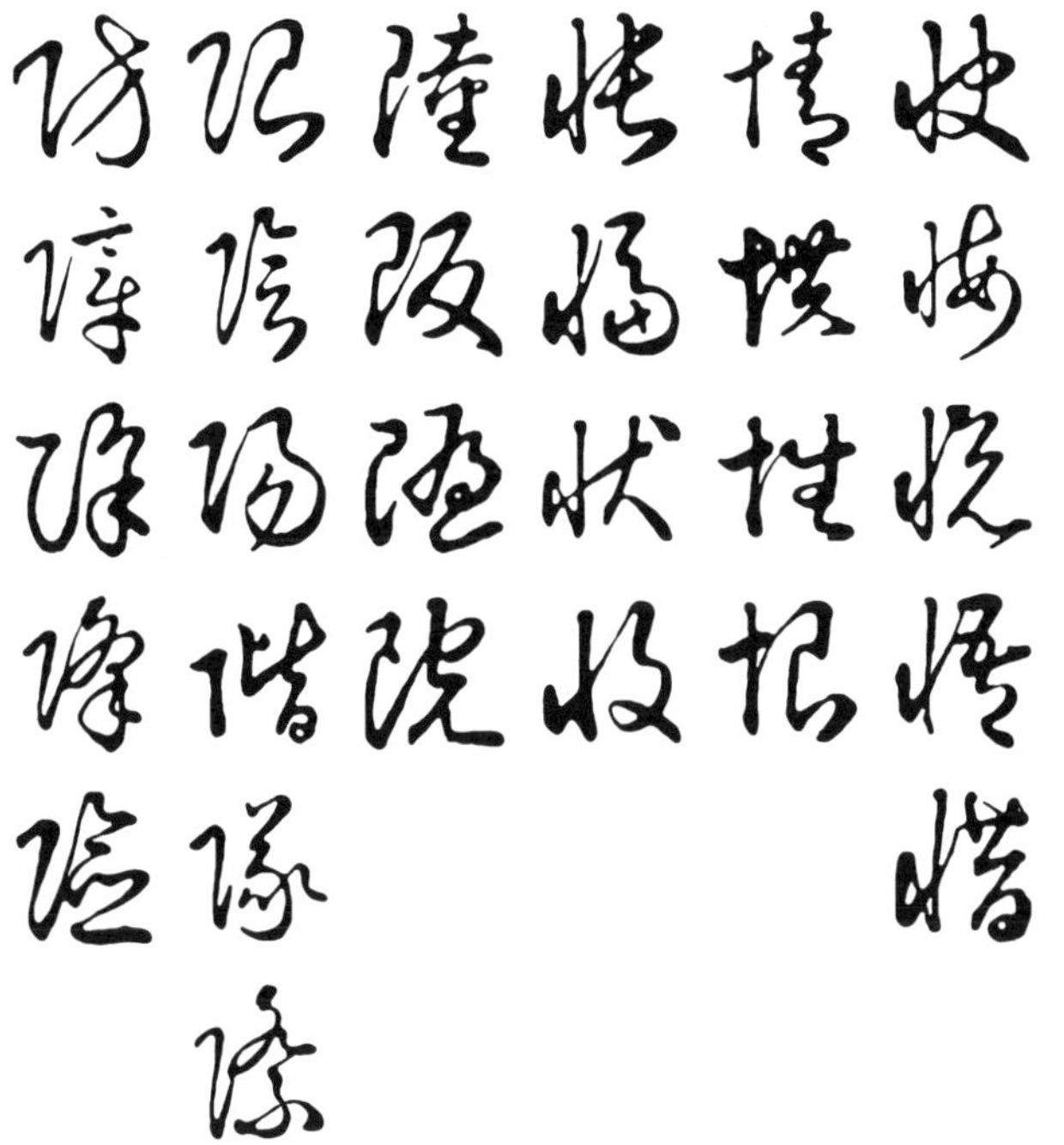

快 悔 悦 悟 惜

情 慣 性 恨

帳 幅 状 収

陸 阪 随 院

限 陰 陽 階 隊 際

防 障 除 降 険（險）

☞91・92頁

偏の問題10

【月】《にくづき／つきへん》

【耳】《みみへん》

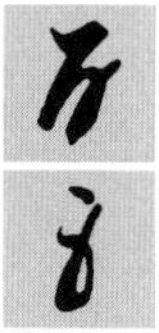

【角】《つのへん》

【貝】《かいへん》

【食】《しょくへん》

【米】《こめへん》

☞92・93頁

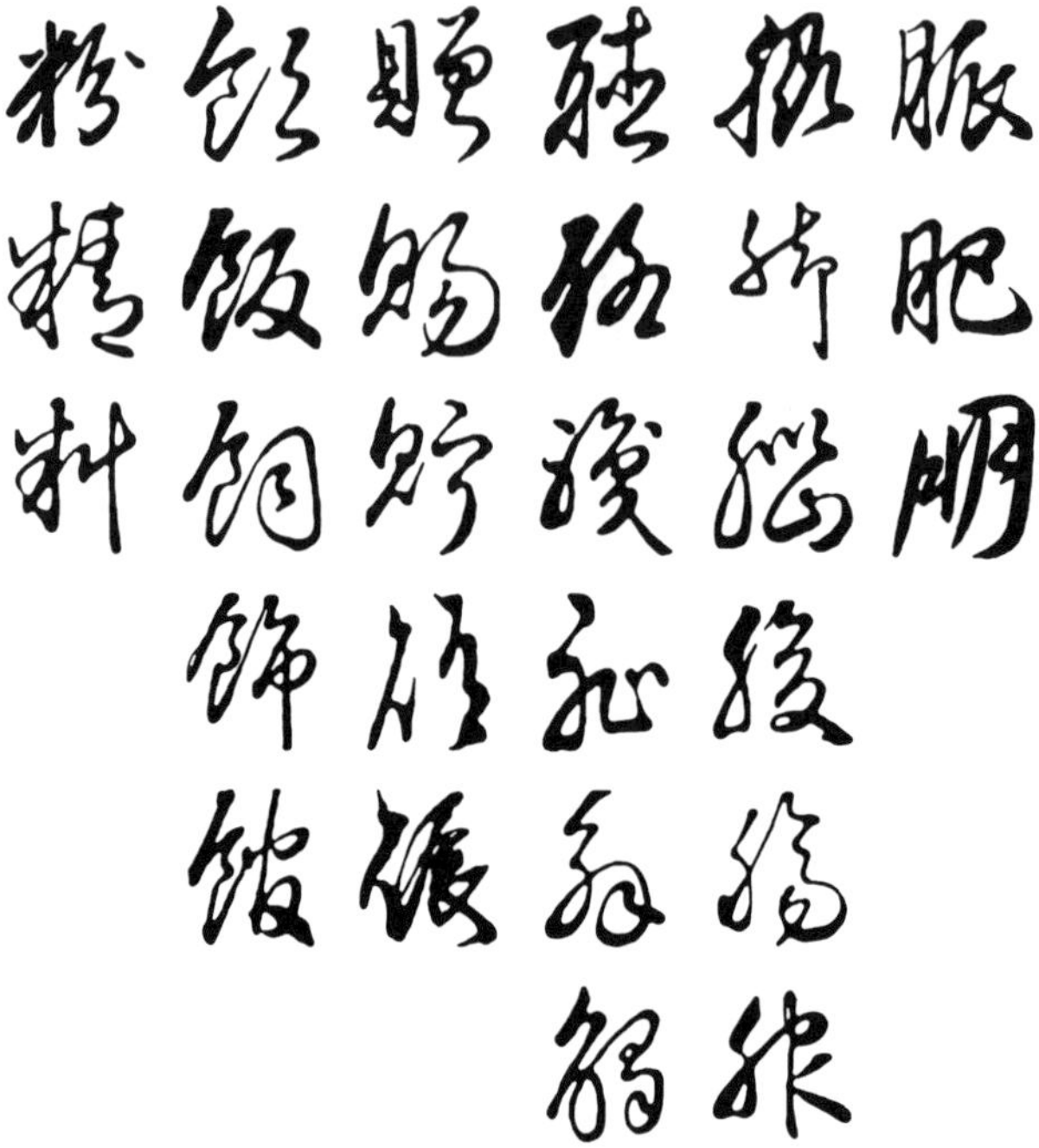

脈　肥　朋

脇（腋）　脚　脳　腹　腸　服

聴　聊《いささか》　職　恥（耻）　解（觧）　触（觸）

贈　賜　貯　賄《まかない》　賑《にぎわい》

飲　飯　飼　飾　館

粉　精　料

偏の問題11

【山《やまへん》】

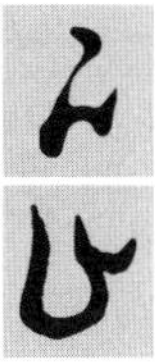

【馬《うまへん》】

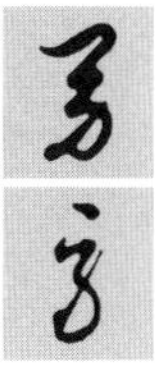

「鳥」のくずし

【至《いたるへん》】

【金《かねへん》】

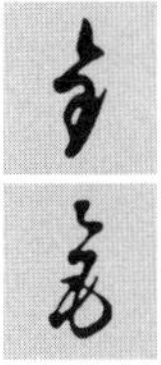

【車《くるまへん》】

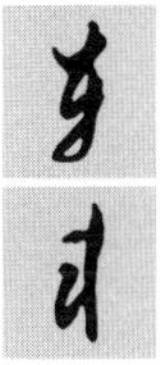

☞93・94頁

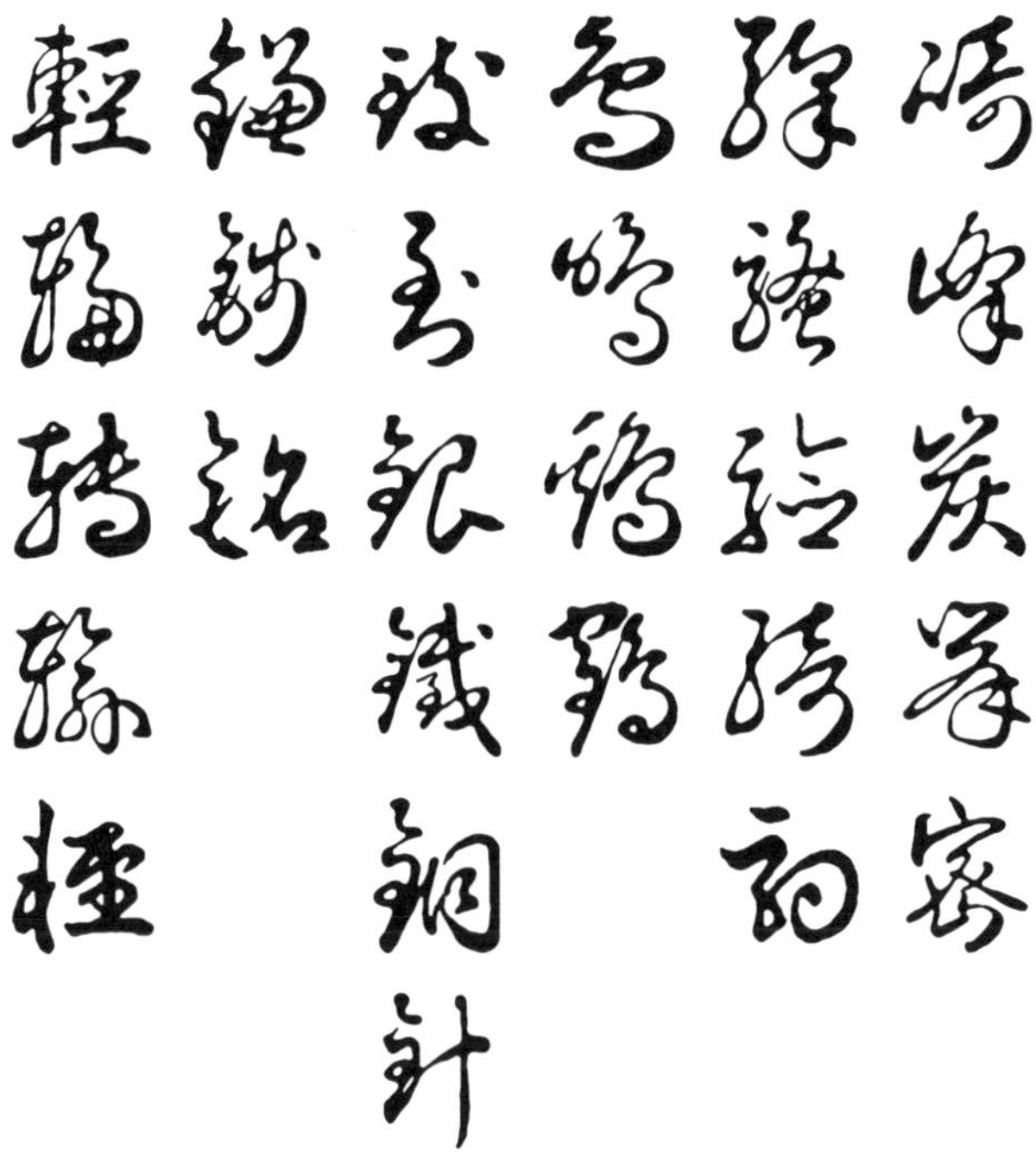

崎　峰　炭　岸　密

駅（驛）　騒　験（驗）　騎　駒

鳥　鳴　鶏　鶴

致　到　銀　鉄（鐵）　銅　針

鎌　銭　銘

軽（輕）　輪　転（轉）　輸　軽（輕）

偏の問題12

【土】《つちへん》

【王】《おうへん》

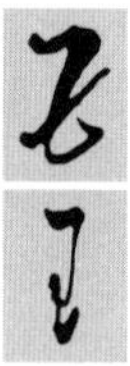

【石】《いしへん》

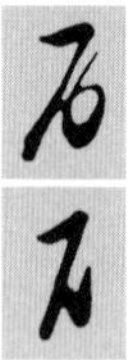

【舟】《ふねへん》

【口】《くちへん》

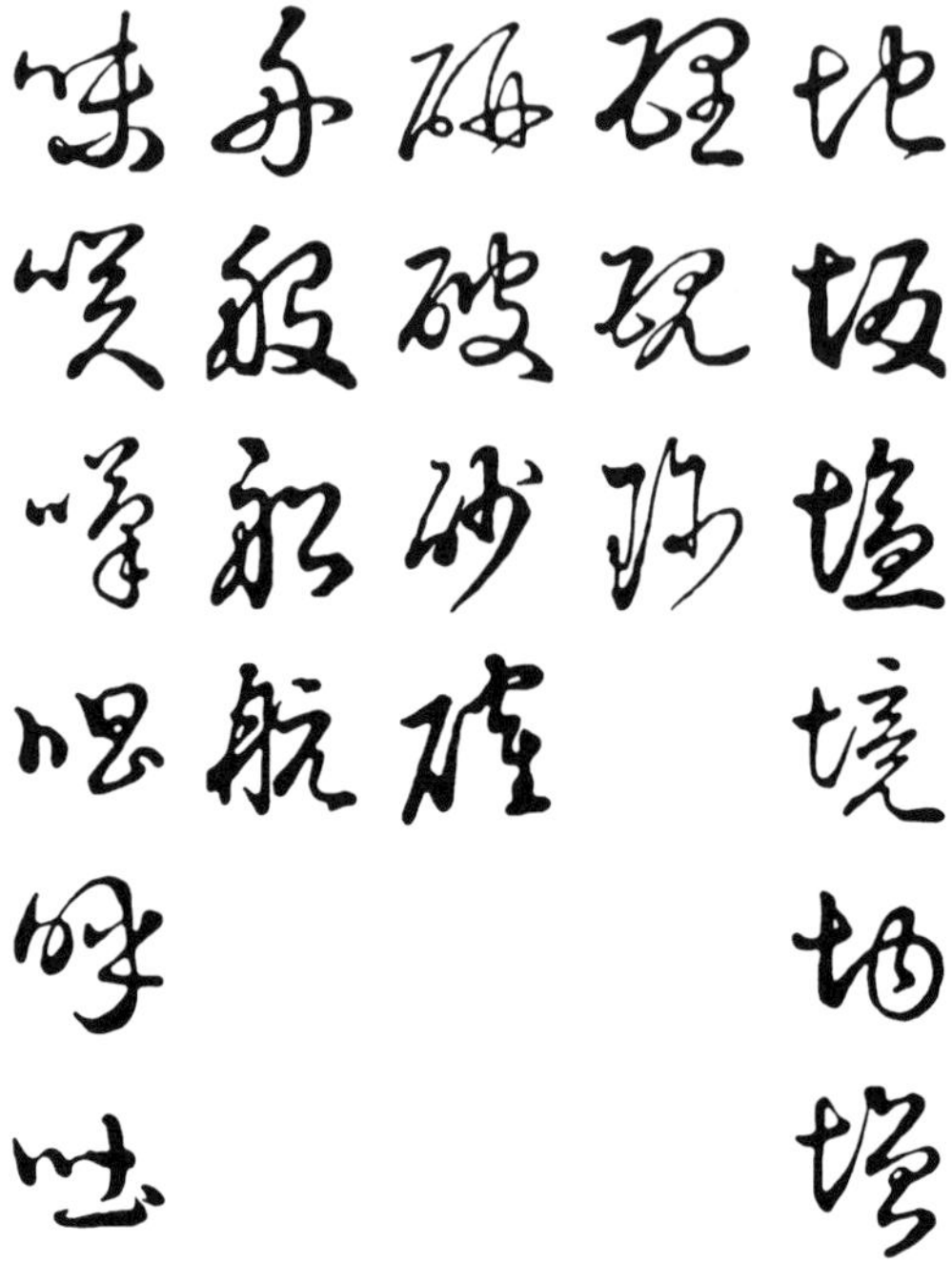

庫 軍 揮 連 連

☞95頁

地 坂 塩 境 均 増

理 現 珍(珎)

研 破 砂 確

舟 般 船(舩) 航

味 咲 嘆 唱 呼 吐

旁の問題1

【彡】《さんづくり》

【頁】《おおがい》

【欠】《あくび》

【月】《つき》

【阝】《おおざと》

【斤】《おのづくり》

☞96〜98頁

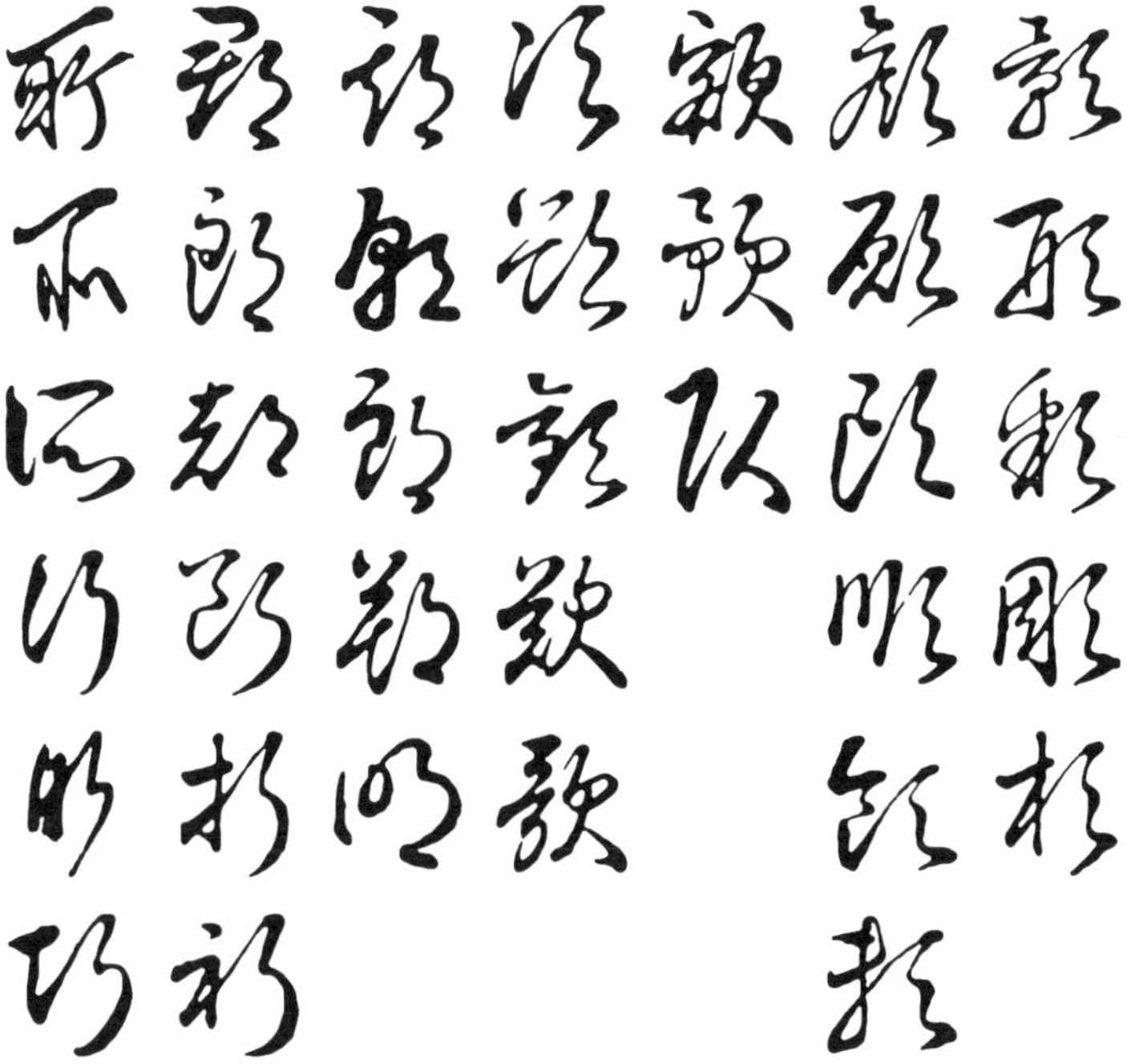

影 形 彩 彫 杉

顔 願 頭 順 領 頼

額 預 頂

次 欲 歓 歎(欵) 歌

期 朝 朗 朔 明

郡 郎 都 断 折 祈

所 所 所 行 肝 巧

旁の問題2

【刂】《りっとう》

【攵】《のぶん》

【殳】《るまた》

98・99頁

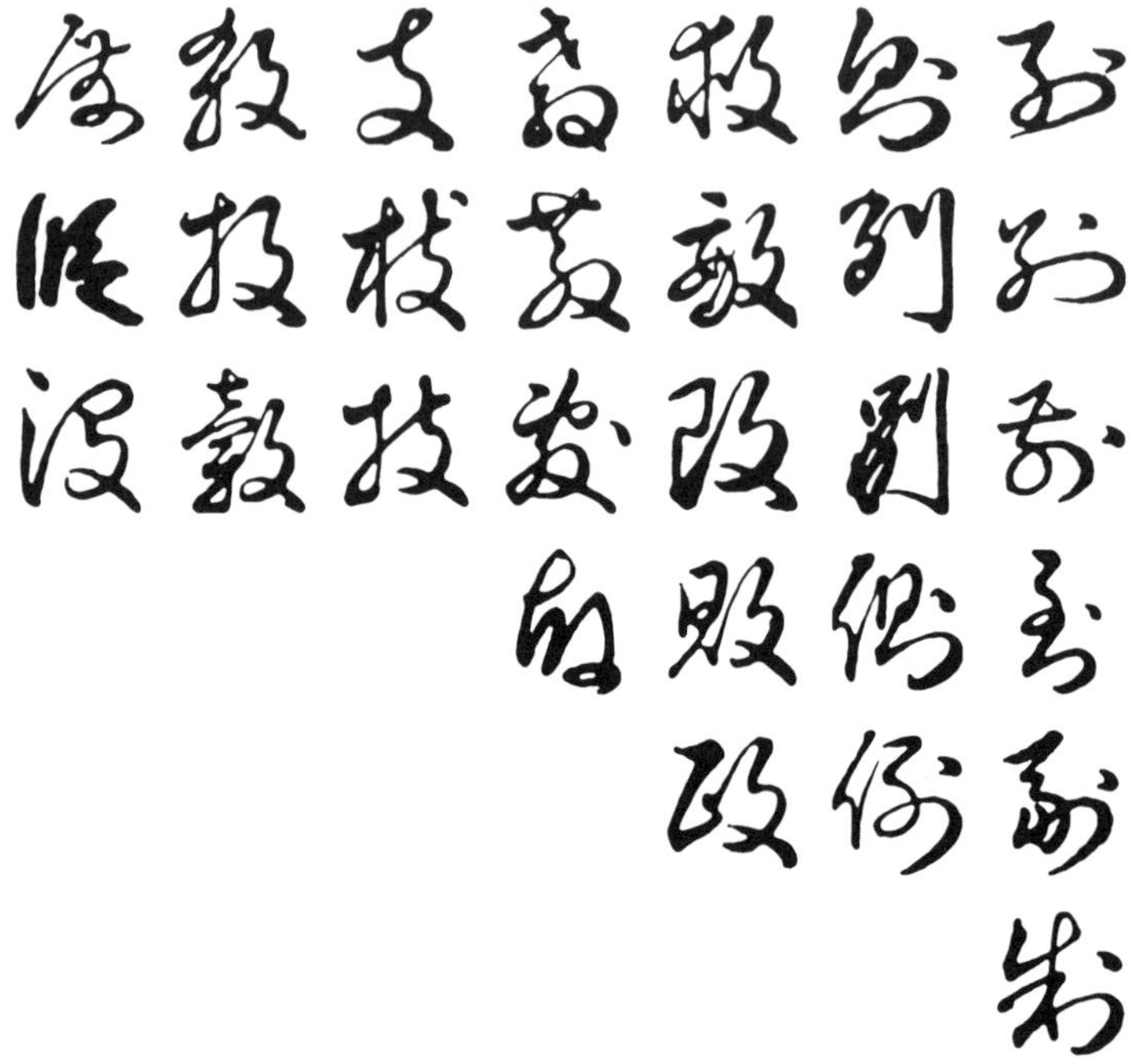

列別前到副制

則列別側例

救敵改敗政

教散敷故

支枝枝

殺投穀

殿段没

旁の問題3

【隹《ふるとり》】

【卩《ふしづくり》】

「卒」

「交」

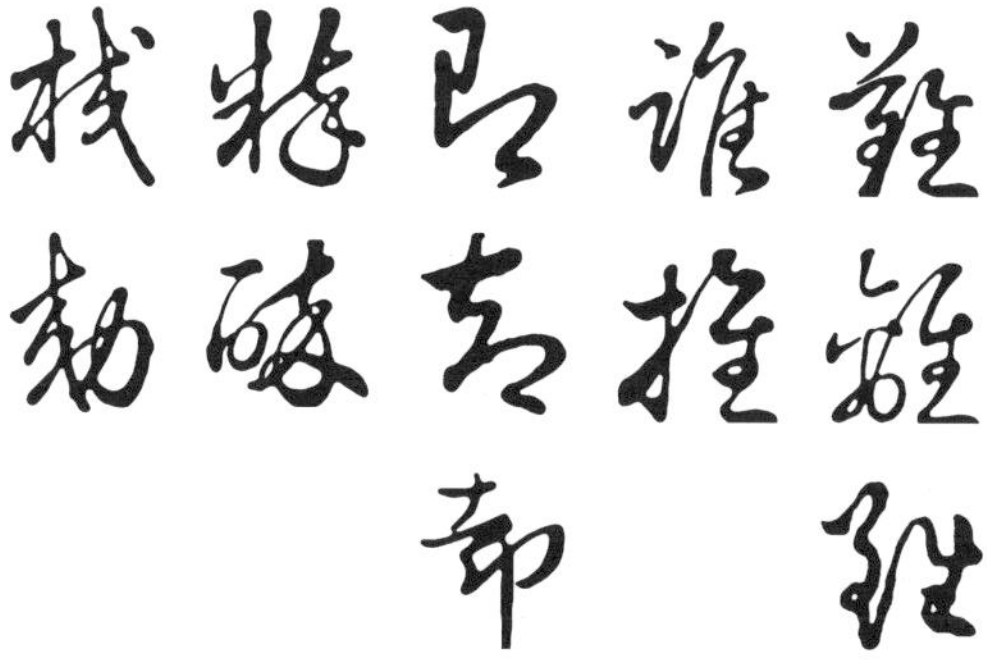

難 離 雖《いえども》 雑

誰 推

即 却 却

粋(粹) 酔(醉)

校 効

☞100頁

冠の問題1

【冖】《わかんむり》

【宀】《うかんむり》

【穴】《あなかんむり》

【竹】《たけかんむり》

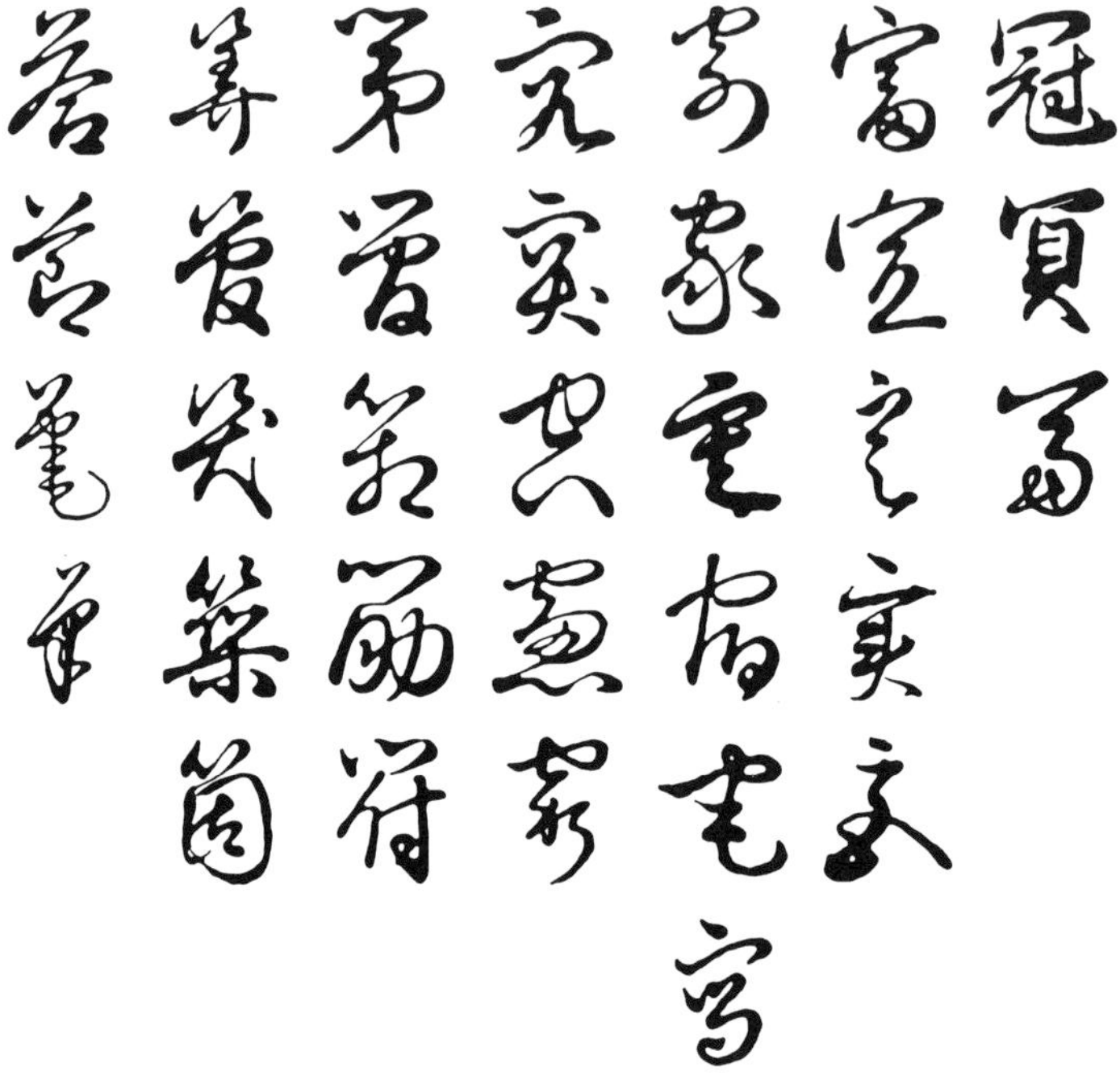

冠 冥 富（冨）

富 宣 定 実 宮

寄 家 寒 宿 宅 写（寫）

究 突 空 窓（窗） 窮

第 簡 箱 筋 符

算（筭） 管 笑 築 箇

答 節 筆 筆

☞101・102頁

冠の問題2

【艹《くさかんむり》】

【耂《おいかんむり》】

【⺍《つかんむり》】

【雨《あめかんむり》】

【虍《とらかんむり》】

☞102・103頁

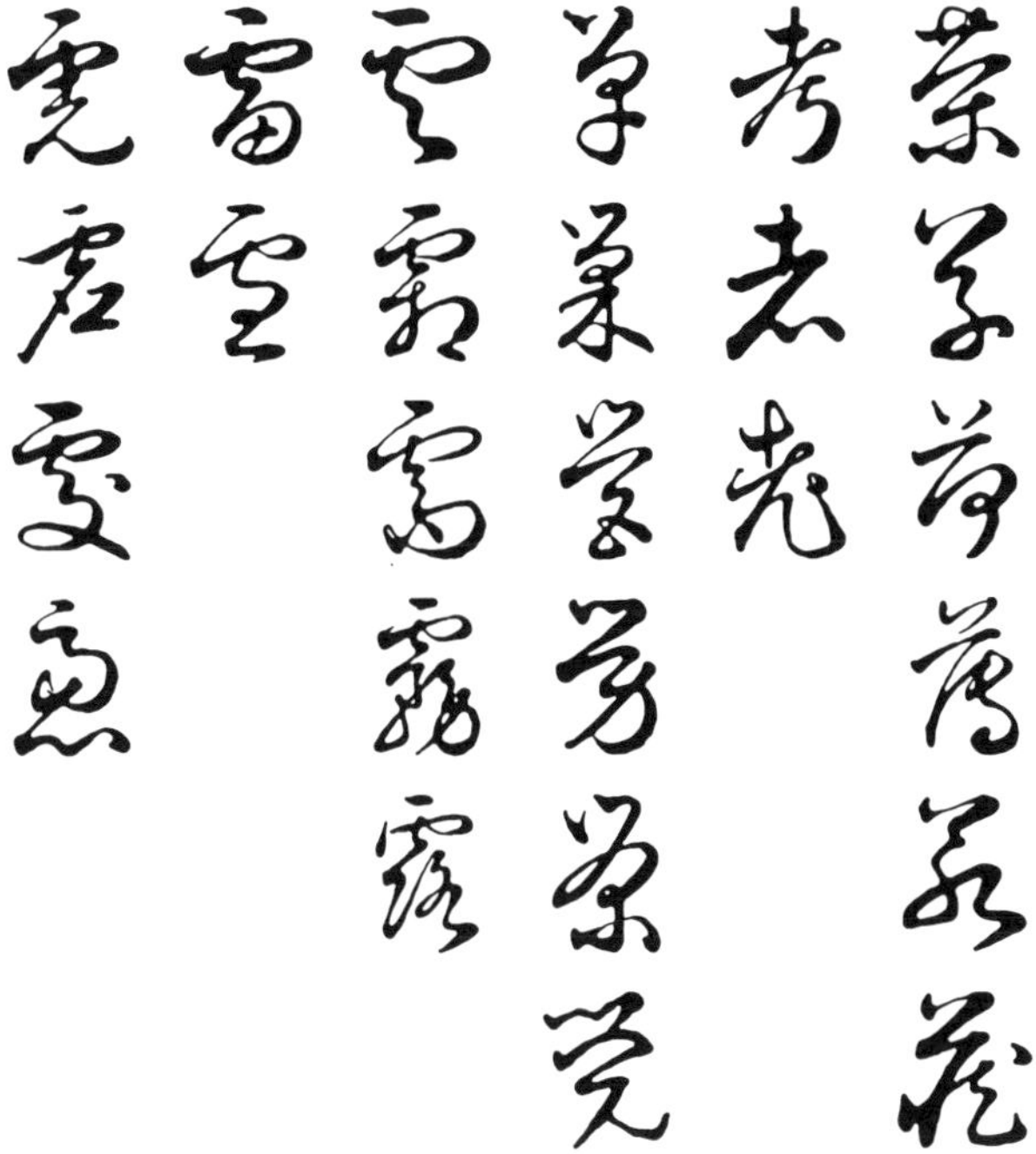

茶 草 荷 薄 若 蔵

考 者 老

単 巣 営 労 栄 覚

雲 霜 需 霧 露

雷 雪

虎 虚 処（處） 慮

冠の問題3

【𠆢《ひとやね》】

【罒《あみがしら》】

【亠《なべぶた》】

【癶《はつがしら》】

【⺌《しょうがしら》】

☞103・104頁

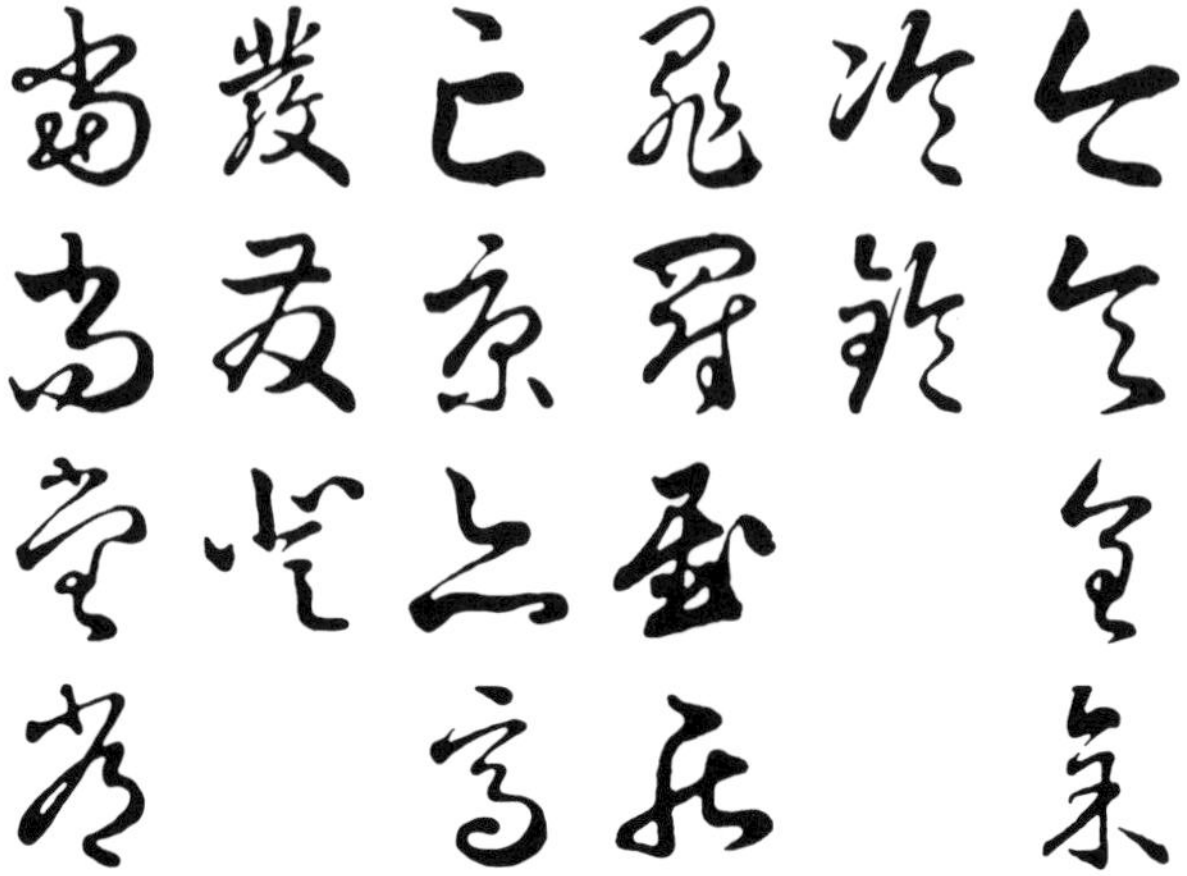

今 令 全 余

冷 鈴

罪 罰(罸) 置 罷

亡 京 亦 高 市

発(發) 発 登

当(當) 尚 堂 常

脚の問題

【心《こころ》】

【灬《れんが》】

【皿《さら》】

【儿《ひとあし》】

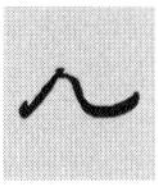

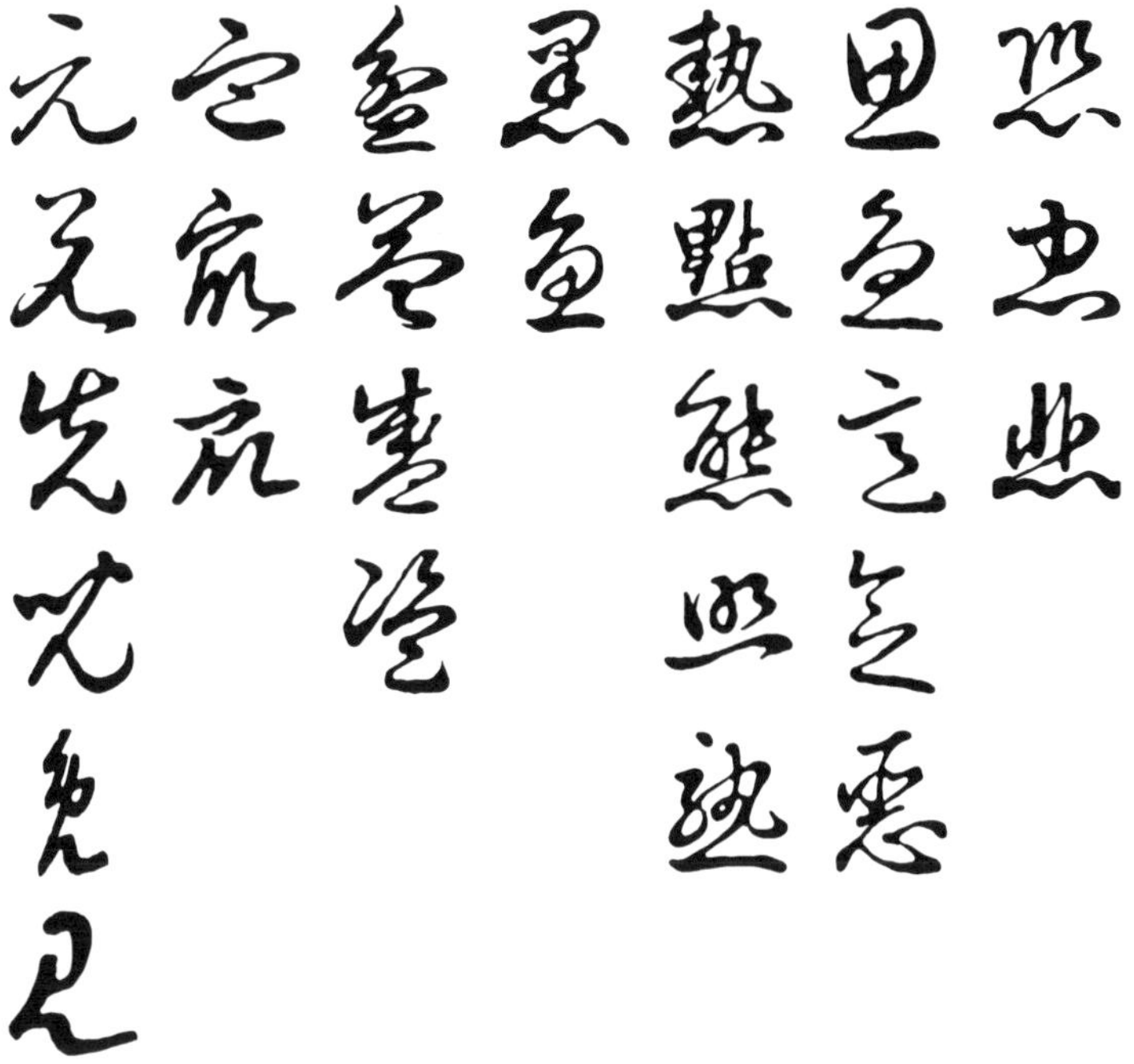

恐 忠 悲

思 急 意 念 悪

熱 点（點） 熊 照 熟

黒 魚

盆 益 盛 盗

血 衆 衆

元 兄 先 児（兒） 免 見

☞105・106頁

垂の問題

【厂】《がんだれ》

【广】《まだれ》

【疒】《やまいだれ》

【尸】《かばね》

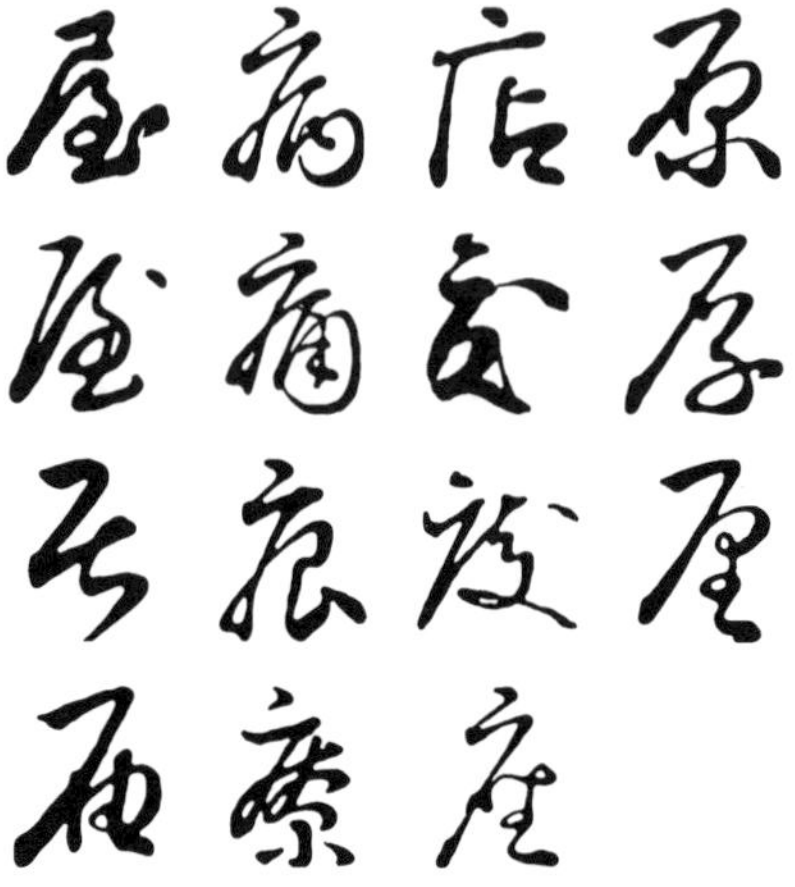

原　厚　厘

店　度　度　座　康

病　痛　痕　療

屋　屋　居　届

☞107頁

構の問題1

【門】《もんがまえ》

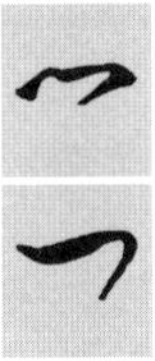

【囗】《くにがまえ》

【行】《ぎょうがまえ・ゆきがまえ》

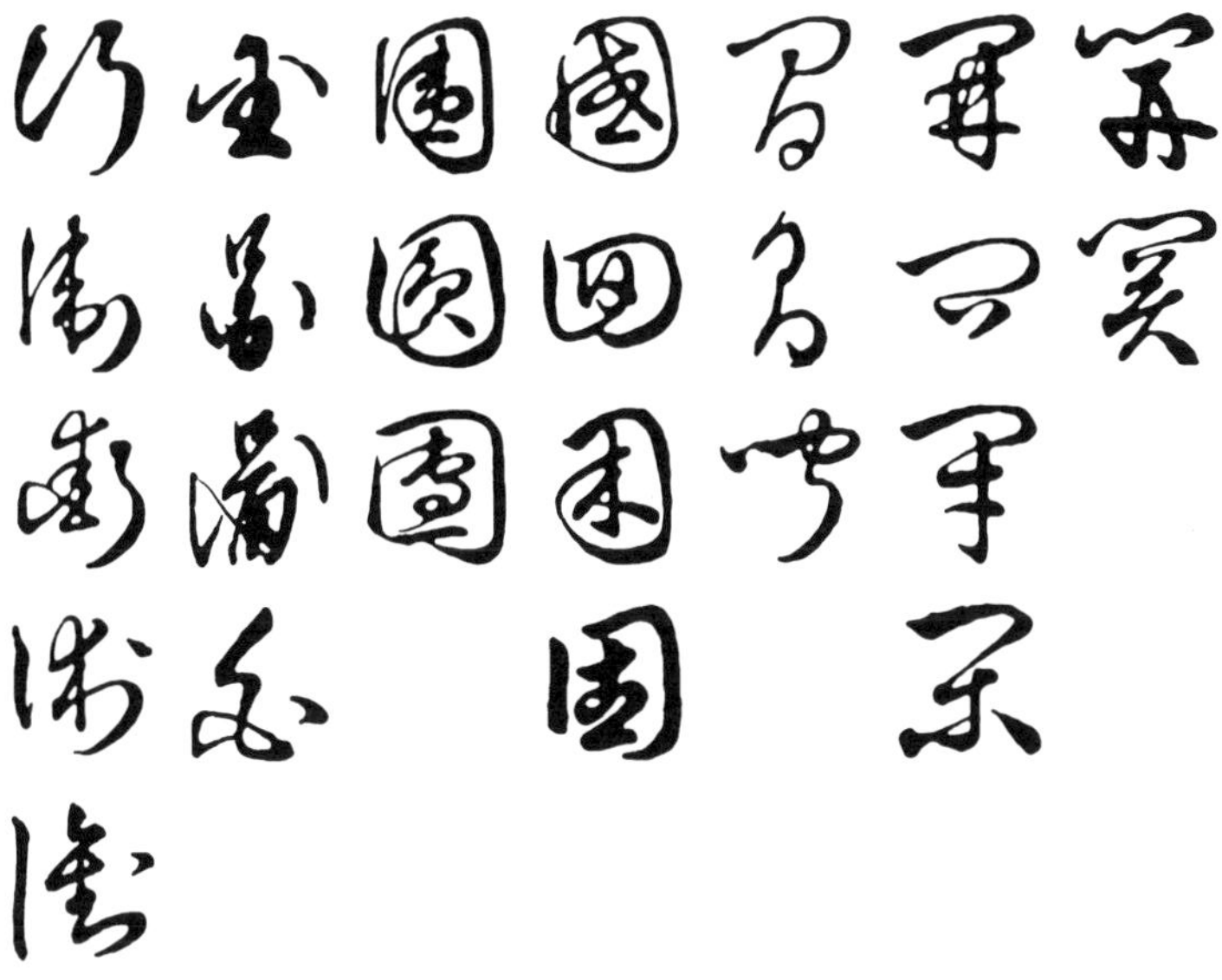

開 関

開 問 閉 閑

間 間 聞

国（國） 回 困 固

囲（圍） 円（圓） 団（團）

国 図（圖） 図（圖） 白

行 衛 街 術 衝

108・109頁

構の問題2

【戈《ほこがまえ》】

【弋《しきがまえ》】

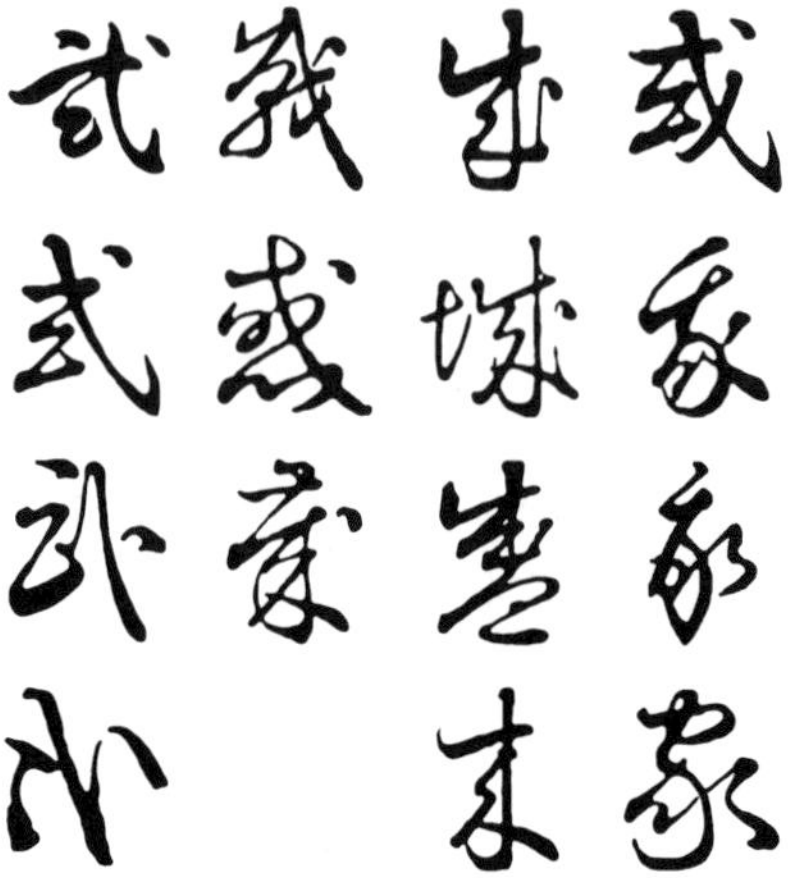

或我我家

成城盛来

戦惑歳

弐式武哉

☞109・110頁

饒の問題

【辶】《しんにょう》

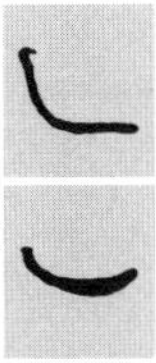

【廴】《えんにょう》

【走】《そうにょう》

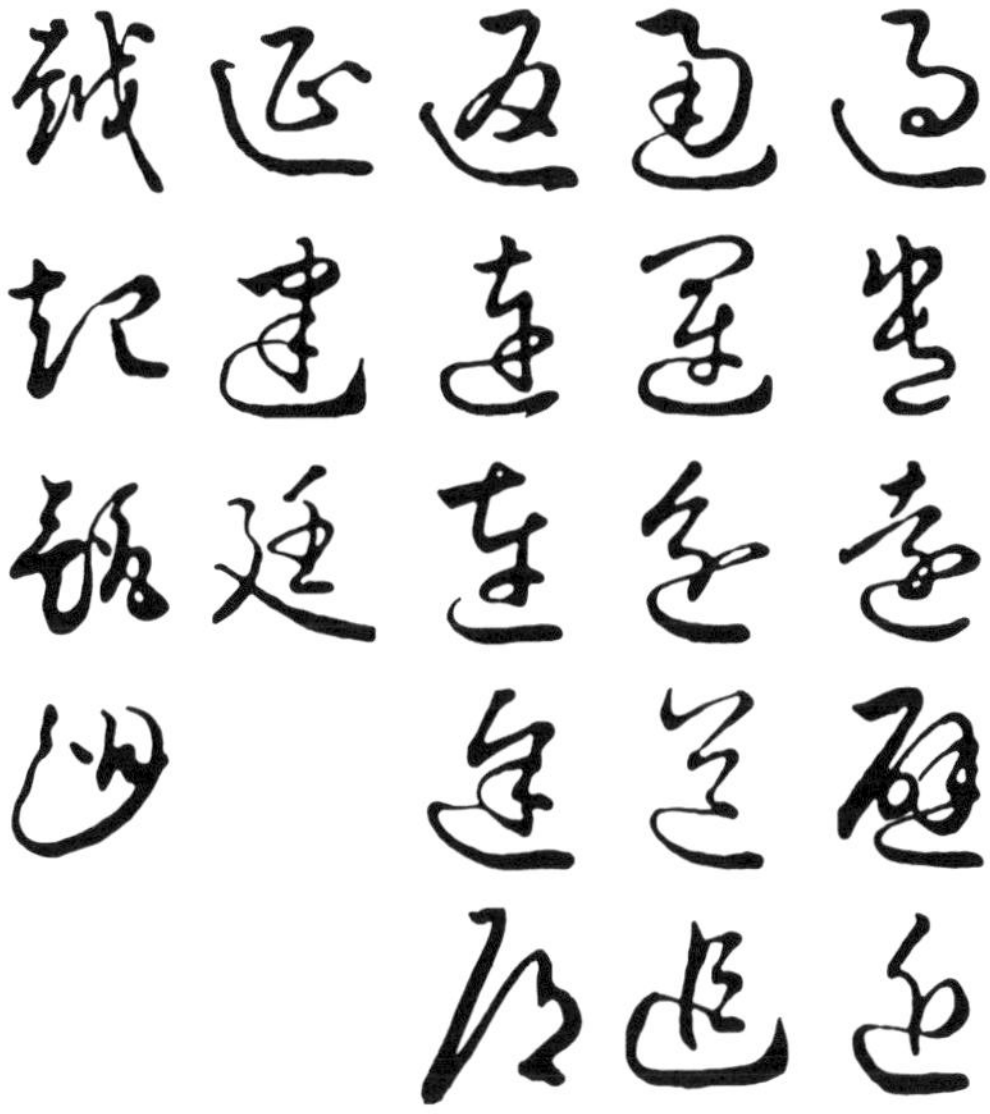

過　遣　遠　避　近

通　運　進　送　追

返　達　連　途　道

延　建　廷

越　起　趣　趣

☞110・111頁

その他の問題1

「羊」頭部が「無」の仲間

「莫」が上部にある、「立」「其」の仲間

☞112・113頁

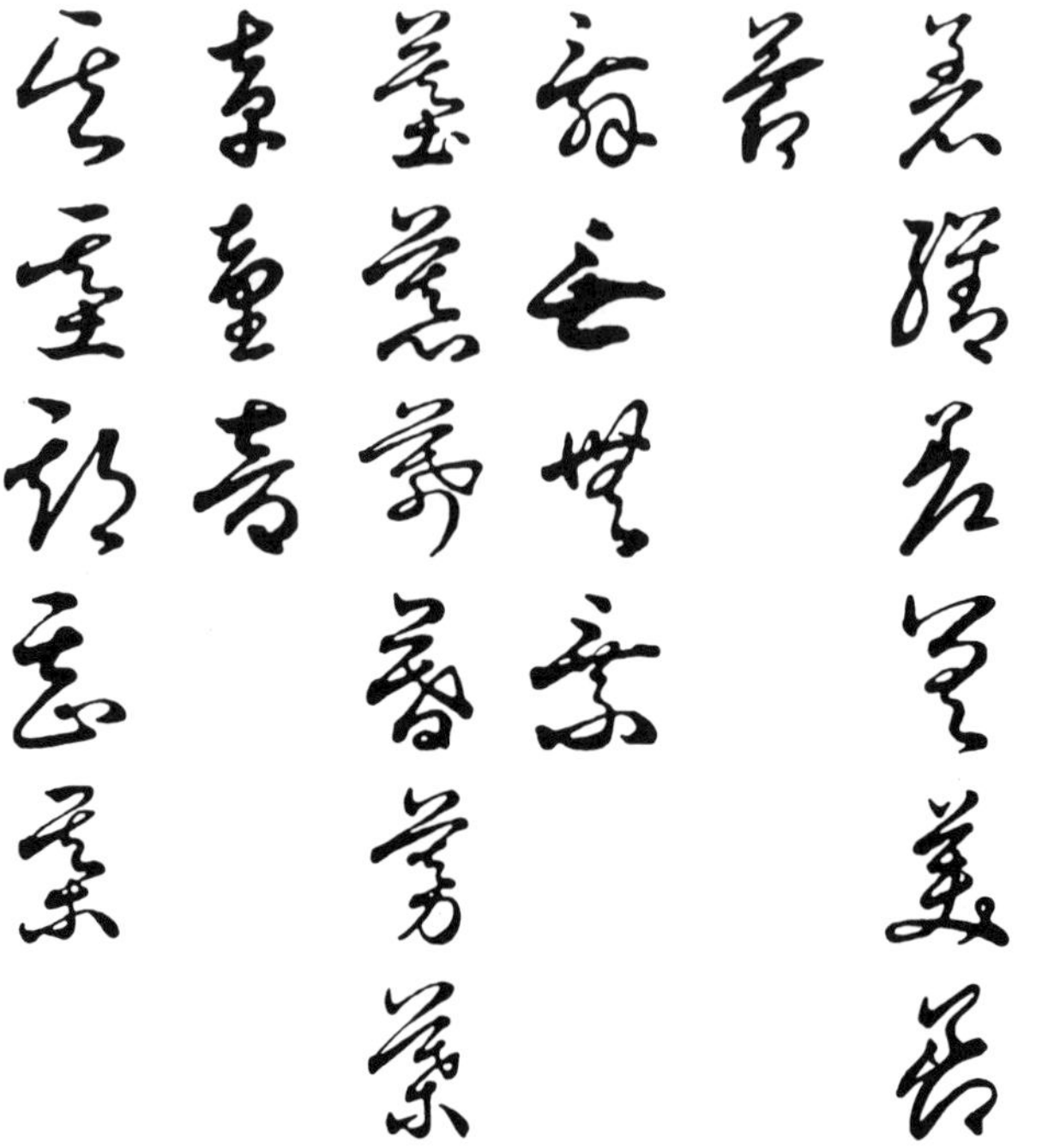

答

着繕差差美善

舞無無乗

墓慕幕暮募葉

章童音

其基期甚某

その他の問題2

下部が「貝」「止」「寸」の仲間

☞113・114頁

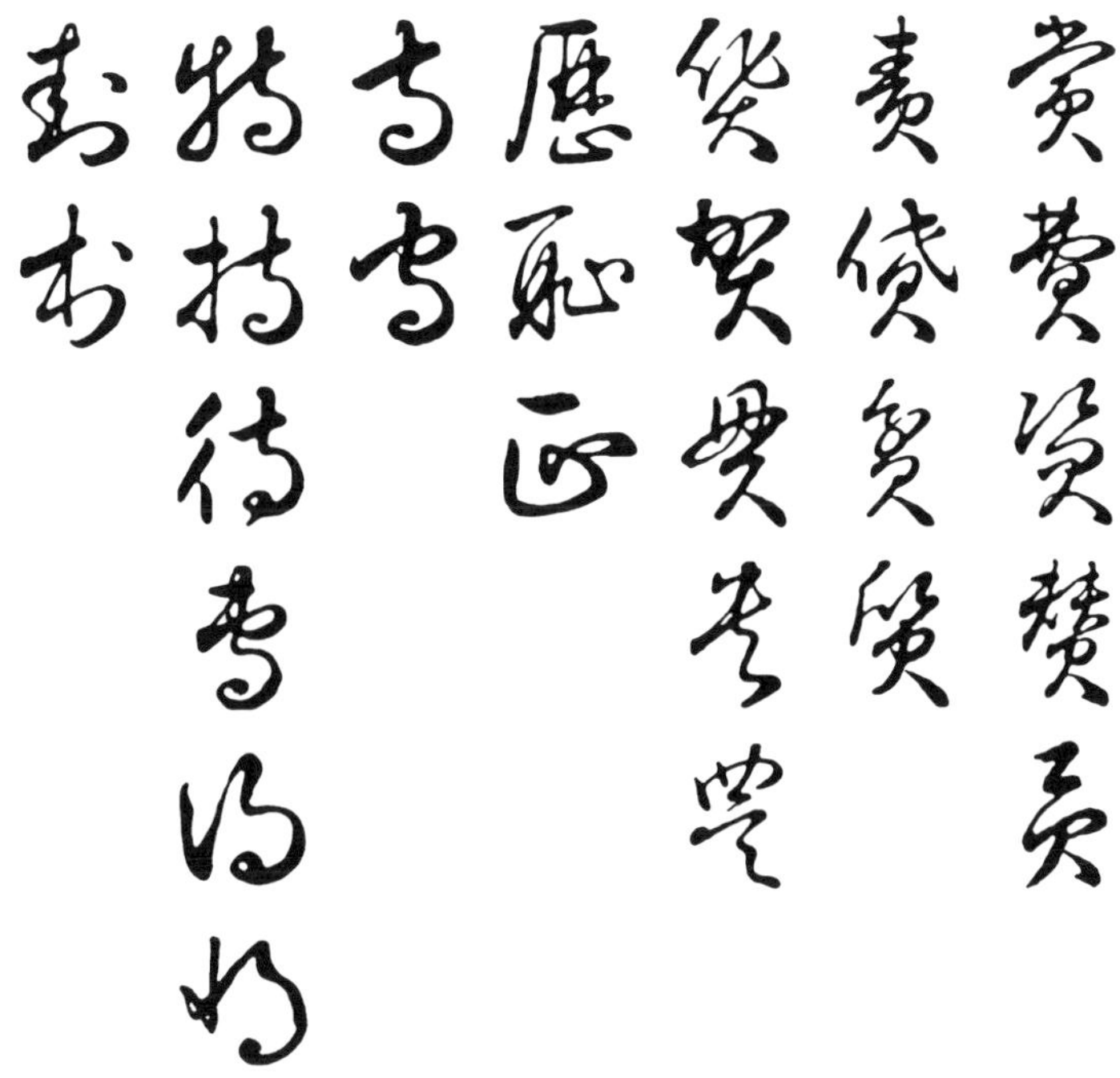

賞 費 資 賛 貢

責 貸 貧 質

貨 賀 貫 貴 豊

歴 恥（耻） 正

寺 守

特 持 待 専 得 将

封 村

その他の問題3

「皮」「昜」「口」の仲間

☞114・115頁

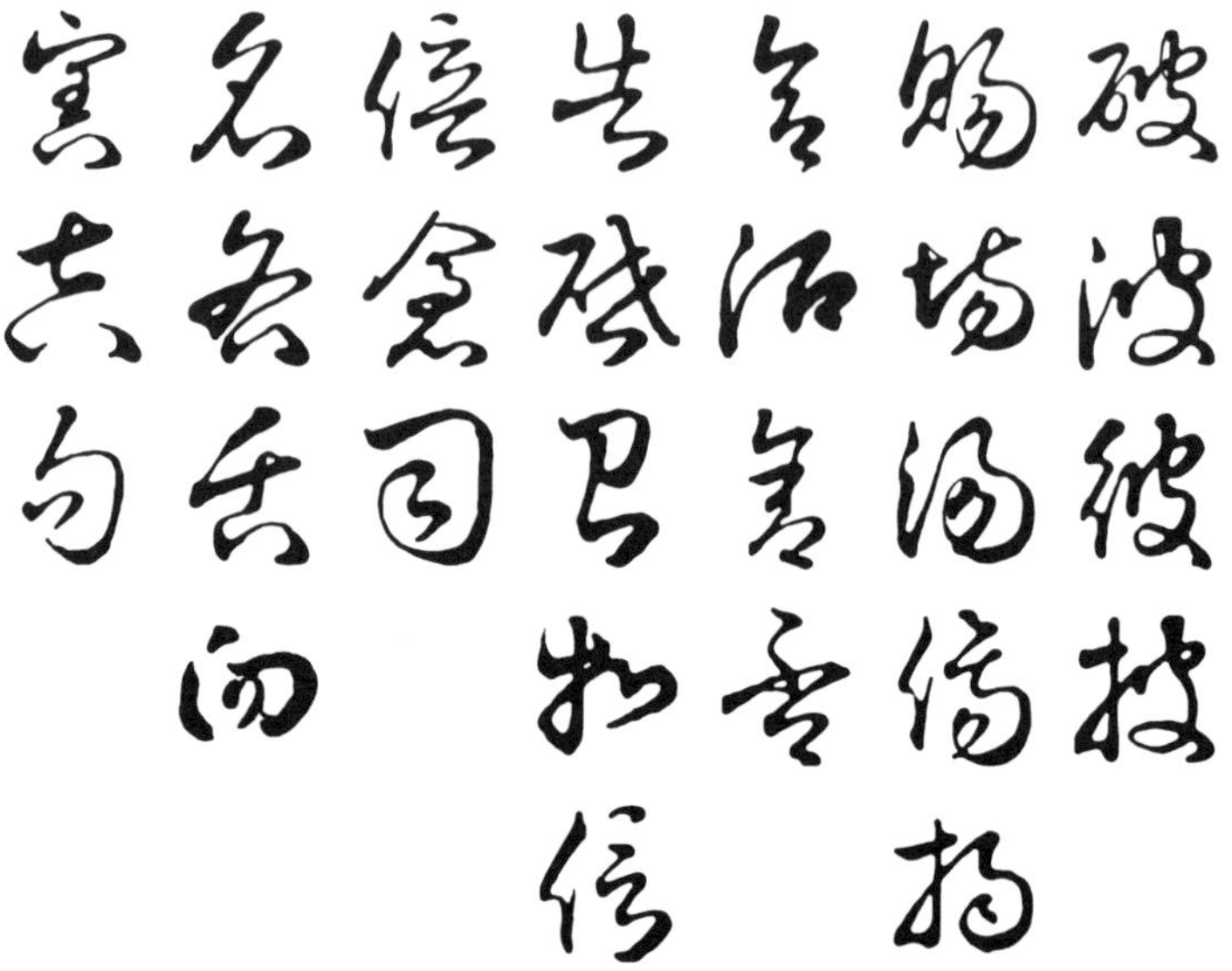

破波彼披

賜場湯傷掲

合沼舎否

告啓召扣《ひかえ》信

倍倉司

名各舌向

害吉句

第三章　演習問題

第三章は、本書の第一章・第二章の内容がどのくらい理解できているか、また積み重ねられてきた解読の知識を応用して、どのくらい読めるようになっているのかを確認するための問題「演習問題❶〜❽」を用意しました。

まず全文を解読し、読めなかった字は、解説を読んで確実に覚えるようにしてください。各問題とも、問題文—解読文—文意の順で掲載し、必要と思われる場合は「用語や背景」を入れました。

なお、❶❷❸❹❻❼の六題は「古文書解読検定」の三級・準二級・二級試験で出題した問題です。採点対象箇所の正解率を「解読文」の下に載せましたので、解読力判定の参考にしてください（古文書解読検定については198頁をご覧ください）。

その次の頁からは問題を一行ずつに分けて解説しています。

各行の中で読みにくいと思われる箇所は□で表記し、それぞれ解説を付けています。

また解説がない部分も、必要と思われる場合は「☞○頁」としてくずし字の横に本書での参照頁を示しています。ぜひ参照の頁で確認しながら解読力をより確かなものにしてください。

先年家康伏見ニ居られ
来ル卅余国家康を随發向之節佐和山ニ而各相集
合可有石田ハ挫志人数ハ此木明ニ而押寄之条
と最一番ニ出立申されし名ニ而畏る之旨
増田右衛門尉が同がい稲の一志変を捨てよかし發
引似たる生命一生て有る侯談ら云ひ付續くべき

【解読文】 常用漢字で解読し返り点を付けた上で、適宜ふりがなを振っています。

先年家康伏見に居《お》られし時家康を屋敷責に可《（つかまつるべき）》レ仕之《の》由《よし》にて各相集《おのおのあいあつまり》けるに石田申ハ拙者人数ハ明《あくる》未明に可《（おしよせるべき）》二押寄一之《の》条《じょう》今夜一番鳥に出立《しゅったつ》申されよ各可《（そのいをえられるべき）》レ被レ得二其意一之《の》旨《むね》也増田《ました》右衛《え》門尉《もんのじょう》が曰《いわく》加様《かよう》の一太事《いちだいじ》を存立《ぞんじたつる》にかろ〳〵敷に似たり今一往可《（けつだんあるべし）》レ有二決談一与云しかは然《しか》らバとて

古文書解読検定

準二級問題　合格点３点	
採点対象	（正解率）
屋敷責に	62.8%
可押寄之条	90.7%
可被得其意	79.1%
右衛門尉	55.8%
可有決談	74.4%

【背景】 慶長五（一六〇〇）年、伏見に居た大老・徳川家康は、上杉景勝討伐を画策していたが、石田三成や増田長盛等は、反家康の立場に立ち、伏見の家康を討つ準備をしていた。

【文意】 先年、家康が伏見に居られた時、家康を屋敷攻めにすべきだと各々が集まった時に、石田三成がいうには、自分の軍勢は明日の未明に押し寄せるので各々は今晩一番鳥が鳴くころに出立するように命ぜよ。各々その意を心得られよと。増田長盛が曰わく、このような一大事を思い立つのは軽々しく見える、今一度決議すべきであると云ったので、それではということで（家康攻撃はやめてしまった）

先年家康伏見□居□

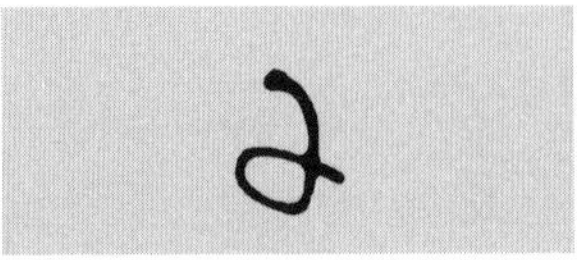

に

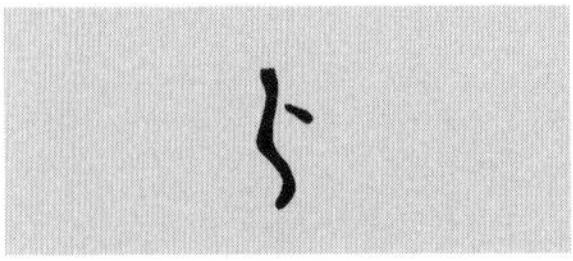

ら

変体仮名の「に」（字母は「尓」）です（☞69頁）。「尓」はのようになりますが、さらにくずすとになります。したがってここでのは「に」と考え、「伏見に」とすると、文意も通じます。

これは「与＝と」とも読めそうです。しかしは「居と」では意味が通じません。最後の行にも（と）がありますが少し違います。次行の続きが「れし時」になっているので「居□れし時」は「居られし時」が適切です。

は「ら」、字母は「良」です（☞70頁）。

☞70頁
☞42頁
☞45頁
☞89頁

れし□家康□□敷責□可仕之由□て各相集

これは「时」（「時」の異体字）です。古文書では「時」より「时」で書かれることが多いです。

この字は「乞」を字母とした「を」と読む変体仮名と考えられます。

は「を」と覚えておいてください（☞71頁）。

【尸《かばね》】は【厂《がんだれ》】と同じくずし（☞107頁）であること、中が「至」のくずしになっていることから「屋」へとつなげます。

（屋）は書いて覚えるのが解読の早道です。

字母を「尓」とする標準的な「に」のくずしの変形です。「可仕之由にて」の（に）も同じ「尓」を字母とする変体仮名です。

時　を　屋　に

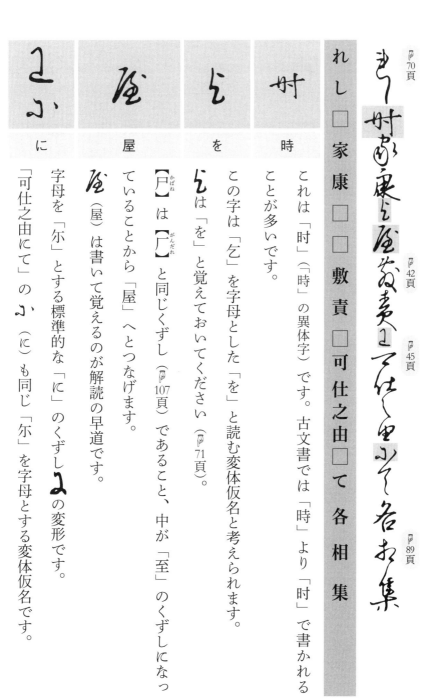

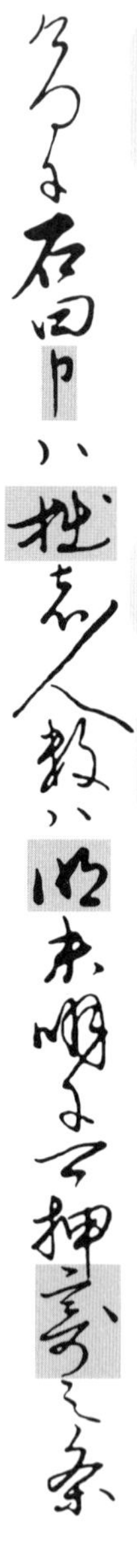

☞68～70頁

☞102頁

☞56頁

けるに石田□ハ□者人数ハ□未明に可押□之条

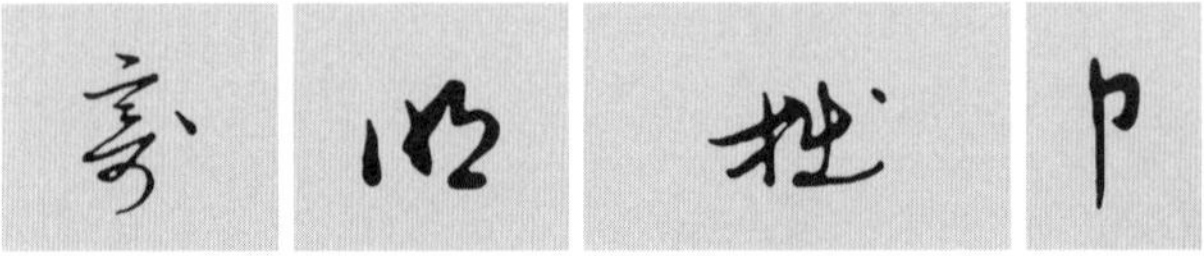

申	拙	明	寄

「申」は頻出する字ですが、このくずしが「申」の基本です（☞39頁）。

第二章で学習した「部首」から判断すれば解読は容易です。左のは【扌《てへん》】、右のは「出」です。「土」ではありません。「出」は「丶」が付くのが特徴です。は「拙」、で「拙者《せっしゃ》」となります。

右のは【月《つき》】か【阝《おおざと》】です（☞97頁）。文意からは「未明」（＝夜明け前、夜中）の上にあるので「明」と考え「明日の夜明け前」で通じます。

上部は【宀《うかんむり》】（☞101頁）、下部は【可】（☞45頁）です。「押□」から「押し寄せる」が浮かび上がります。

☞45頁
☞31頁
☞105頁

□□一番□に出立申されよ各可被□其意之旨□

今夜	鳥	得	也

は「今」。上の部分がなら【𠆢《ひとやね》】になります（☞103頁）。

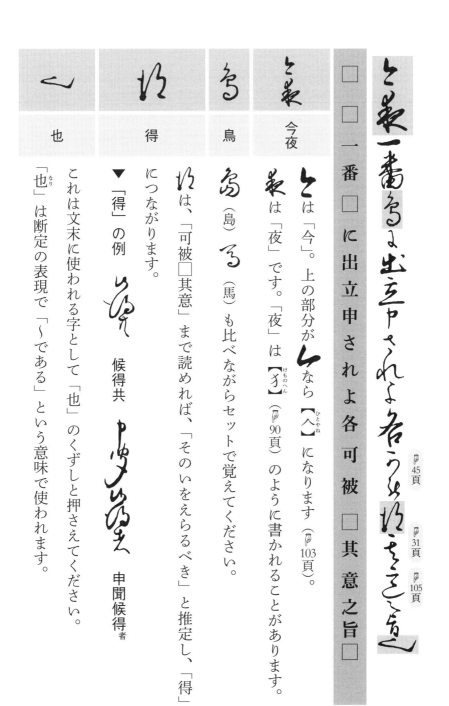

は「夜」です。「夜」は【犭《けものへん》】（☞90頁）のように書かれることがあります。

（鳥）（馬）も比べながらセットで覚えてください。

は、「可被□其意」まで読めれば、「そのいをえらるべき」と推定し、「得」につながります。

▼「得」の例

 候得共

 申聞候得者

これは文末に使われる字として「也」のくずしと押さえてください。

「也《なり》」は断定の表現で「～である」という意味で使われます。

☞68頁
☞30頁
☞71頁
☞33頁
☞99頁

増田右□□尉が□加様の一太□を存立にかろ□敷

			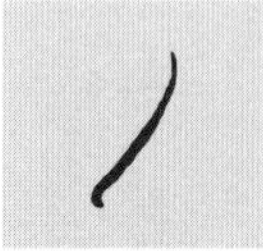
衛門	曰	事	く

人名なので「右尉」から「衛門」を導きます。読みは「えもんのじょう」となります。「左衛門尉」の場合は「さえもんのじょう」と読みます。

「日」のようにも見えますが、文意からは「曰《いわく》」が適切です。「日」と「曰」は似たくずしなので、文意からどちらが適切か判断してください。

「古」に「又」と見えますが「叓」は「事」の異体字になります（☞55頁）。なお、「一大事」の「大」はここでは「太」と書かれています。

で「かろ〱敷」となります。「〱」は「踊り字」の表記です。二字のくりかえしなので「〱」となります（☞23頁）。

☞70頁 ☞55頁 ☞81頁 ☞21頁

□似たり今一往可□□談与云しかは□らバとて

これは「耳」を字母とする変体仮名の「に」です。は「耳」のくずし字として覚えてください（☞69頁）。

このくずし字形は「有」と覚えてください。「返読文字」です（☞49頁）。

「決」のくずし字はもありますが、このもよく出てきます。

で「決談」ですが、現代表記では「決断」と書くべきところです。

これは「然」で、からさらにくずれると【灬《れんが》】の部分が右側に書かれや、ここでののようになります。「然」は「しかして」「しからば」「しかるに」などの表現で出てきます。

に	有	決	然

子孫別家出時ハ名前ヘ点ヲ掛
之年月別家何組何郎ヘ入ル絶
其旨寄り合ヘ廻文を家数不足之
仍合ヘ廻入新ホ一家分の余紙ニ書
載ス

【解読文】　常用漢字で解読し、適宜ふりがなを振っています。

子孫別家《べっけ》する時は名前へ点を掛《かけ》
上へ年月別家何組何村へ入《いる》と記《しる》し
其最《も》寄《より》の五人組又は家数不足
の五人組へ入《いれ》新《あらた》に一家分の本紙へ書《かき》
載《の》す

【文意】

子孫が独立して別家を立てる時は、（戸籍の）名前へ点を掛け（抹消の意味）、上へ年月・別家何組何村へ入ると書き記し、その最寄りの五人組又は家数不足の五人組へ入れ、新たに一家分の本紙へ書き載せる。

【用語】

五人組　江戸幕府の民衆支配のための末端組織。村では惣百姓、町では地主・家持を単位として五戸前後を一組としてくくり、連帯責任・相互監視・相互扶助・年貢納付などを課した。江戸時代の古文書では、五人組に関する文書が全国に多数保存されている。

古文書解読検定

準二級問題　合格点３点	
採点対象	（正解率）
する	85.3%
何組何村	67.6%
最寄の五人組	97.1%
家数不足	75.0%
本紙へ	83.8%

子□別家□□時□名前へ点を掛

孫

する

は

左は【子《こどもへん》】、右は「糸」のくずしのようになっています。組み合わせて「孫」と考えると「子孫」で意味も通じます。

これは「変体仮名」です。漢字の大きさより少し小さいことに着目してください。は「春」を字母とする「す」(☞68頁)、「る」ははのように頭の部分が省略されたくずしになることが多いので注意してください。字母は「留」です(☞70頁)。

「盤」を字母とする変体仮名の「は」です(☞69頁)。通常「者」が助詞「は」の時は「者」と右寄せして小字で表しますが(☞21頁)、は「は」と表記し小字にはしません。

上へ年月別家何□何□へ入と□し

組	村	記

偏が【彳《ぎょうにんべん》】に見えますが、「徂」では意味が通じません。この文では何か所も出てきますが、その中でを「五人組」と考えればは【糸《いとへん》】で「組」と解読できます。

は「村」です（☞114頁）。
※「村」は「お」に似ているくずしになると覚えてください。

偏は【言《ごんべん》】と見抜いてください。右は「巳」に見えますが、このくずしは「巳・已・己」の三通りで考えてください。「巳」は「ミ」（「巳《み》《へび》年」など）、「已」は「イ」（「すでに」の意味で「已然《いぜん》」など）、「己」は「コ」（「自己」など）で使われます。ここで当てはまる漢字は「記」だけです。

其□寄の五人組又は家□不□

最

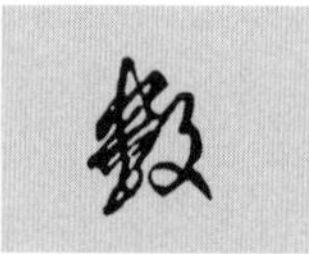
数

足

は「日」の下が難読です。こういう場合は「□寄」を文脈から考えてみます。上部が「日」になっていることをヒントにして、「最寄《もより》」へとつなげます。

※「最」は異体字「㝡」（☞55頁）で書かれることが多いです。

旧字の「數」です。

※「数」の異体字には「敉」があります（☞56頁）。

「之」ではありません。よく見ると上部が「口」になっています。

「口」の下は「之」に近い字と考え、「足」を想定すればは「不足」となり、意味も通ります。

の□人組へ入□に一家□の□□へ書載す

五	新	分	本紙

「五」のくずしは注意が必要です。標準的には、前の行ではでした。右側が「ち」のようになっていますが、横線の「ニ」は偏と旁をつなげて書いているだけで漢字の一部ではありません。が右側にある場合は「亍」（例行）・「斤」（例折）・「干」（例肝）と覚えてください（☞98頁）。

「分」の標準的なくずし字形は押さえておいてください。

一字目は「本」、変体仮名の「ほ」でも使われます。二字目の偏は【糸《いとへん》】をヒントに文意から考え「紙」だと推定します。「紙」のくずし字形には・・・（最後は異体字「帋」のくずしです）などがあります（☞56頁）。

暇乞致候ニ他所へ告者ハ五人組
名主へ申出役人々共心懸
早速連帰可申事　一第一行衛
不知者之儀ハ其経由書届戸籍へ
年月出奔之記し六ヶ月乃間不

【解読文】　常用漢字で解読し返り点を付けた上で、適宜ふりがなを振っています。

暇免《いとまめん》なきに他所へ出る者ハ五人組
より名主《なぬし》へ申出役人も共々心遣ひ
早速連帰《つれかえり》すへし万一行衛《ゆくえ》
不レ知《（しれざる）》ものハその由《よし》相届戸籍へは
年月出奔《しゅっぽん》と記し六ケ月の間に

【文意】

休暇の許しがないのに村から他の土地へ出ていった者については、その旨を五人組より名主へ申し出て、役人共々連携し合い、すぐに連れ戻すべきである。万一行方がわからない場合はその旨を届け、戸籍には出奔した年月を記し六ケ月の間に……（以下　探し出すこと）

【用語】

名主《なぬし》　村の行政を担う村役人で、名主・組頭・百姓代を村方三役（地方《じかた》三役とも）といい、その中で名主は年貢の徴収、諸役の差配、戸籍の管理などを担った。

古文書解読検定

三級問題　合格点２点	
採点対象	（正解率）
暇免	82.6%
行衛	61.7%
不知もの	66.1%
戸籍へは	64.3%

☞69頁 ☞70頁

暇□なきに他□へ出る□ハ五人組

免	所	者

意味は「まぬかれる」「ゆるす」。変体仮名ではというくずし字で字母を「免」とする「め」があります。ここでは漢字の「免」なので漢字で表記します。

「所」のくずしは、始筆が「一」になります。さらにくずした字形にはがあります。またとくずされる「所」もあるので押さえておいてください。

なお「所」と同義語に「処」があります。異体字で「𠩄」がありますが、旧字の「處」で書かれることが多いです（☞56・62・103頁）。

字形からも文意からも「者」と読めると思います。「者」が出てきた時は漢字の「者《もの》」か助詞の「者《は》」かを判断します。ここでは大きく書いていることと意味からもで「出る者」と解読します。

より名□へ申□役人も共々心□ひ

主

出

遣

「主」の場合は上部に点があります。点がなければ「王」です。（主）、（王）です。

※「名主」は江戸時代は「なぬし」、中世は「みょうしゅ」と読みます。名主《みょうしゅ》は自分の所有する田に名前を付けた名田《みょうでん》の所有者で、有力な名主の中には一族や配下の農民を武装させて武士となる者もいました。

「出」は最後に「丶」が付く特徴があります。（土）にも「丶」が付くことがありますが、（出）との違いは始筆にあります。よく比べてください。

で「心遣《こころづか》ひ」です。は「遣」と覚えてください。が標準的な「遣」です。変体仮名では（け）として使われます（☞68頁）。

早速連□すへし□一行□

帰

万

衛

偏が「リ」のように見えます。難読ですがこれは「帰」として覚えてください。標準的な「帰」はのように【阝】《こざとへん》（☞92頁）に似たくずしになります。

旧字の「萬」です。は【艹】《くさかんむり》、下は「お」に似た字で書かれていれば「萬」と覚えてください。

「行衛」は「行方《ゆくえ》」のこと。「衛」は「兵衛」や「左衛門」など人名でよく出てくる漢字です。「衛」のくずし字にはやなどがあります。

例

右衛《え》門《もん》

六《ろく》左《ざ》衛《え》門《もん》

治《じ》衛《え》門《もん》

兵《ひょう》衛《え》

金《きん》兵《べ》衛《え》

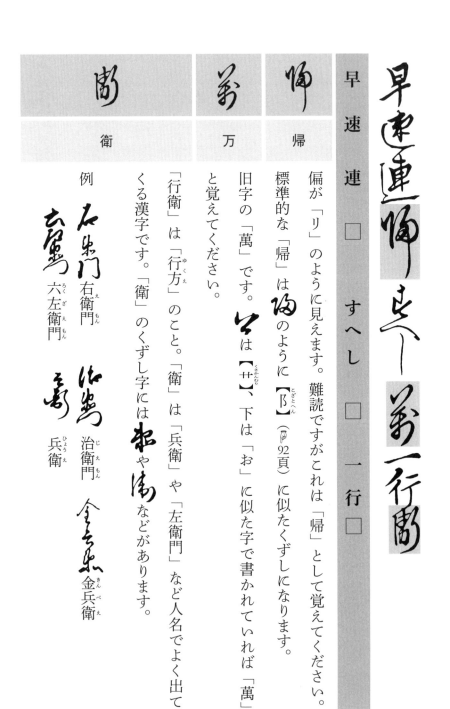

不知も□ハそ□由□届戸籍へ□

の

相

は

字母が「能」の変体仮名「の」です。もっとくずれると　になります（☞69頁）。

相とはっきり書かれることもありますが、くずしが進むと　のように【扌《てへん》】に見えます。なお、「相」の部首は【目】です（☞89頁）。

「戸籍へ□」から「は」と読むのが妥当だと考えます。字母を「盤」とする「は」でその字形を思い浮かべてください（☞69・156頁）。

年月出奔と記し六ケ月の□に

間

【門《もんがまえ》】に「日」ですから「間」です。「間」はさらにくずされて　や　と書かれることが多いので押さえてください（☞108頁）。

拝借用仕済候五ヶ年賦ニ取極ニ相成候申入
候處又[illegible]ニ而[illegible]不宗殊別在今[illegible]試[illegible]
借用中之文実正ニ付此難ニ済候ニ付取極ニ通来
丑年ゟ巳年迄五ヶ年之金[illegible]割合ニ五ヶ年賦
無相違相済可申候為後日一札仍如件

【解読文】 常用漢字で解読し返り点を付けた上で、適宜ふりがなを振っています。

我等借用仕済方《すみかた》儀五ケ年賦ニ御極《おきめ》被レ下《(くだされ)》度《たき》段《だん》申入
候処御承知被レ下《(くだされ)》　忝《かたじけなく》　存候　則《すなわち》　右金子《きんす》弐両弐歩我等
借用申処実正《じっしょう》ニ御座候済方之儀相極候通来《とおりきたる》
丑年《うしどし》ゟ巳年《みどし》迄《まで》壱か年ニ金弐歩ツ、五ケ年賦
無二相違《(そういなく)》一相済可レ申《(もうすべく)》候為二後日之《(ごじつのため)》一一札《いっさつ》仍而《よって》如レ件《(くだんのごとし)》

【文意】

私共がお借りした金子の返済について、五年間の分割払いと決めていただくよう申し入れましたところ御承知下さりかたじけなく存じます。まさに右、金子二両二歩(分)をお借りしたことは間違いございません。返済は決められた通り来年丑の年より巳の年まで、一年に二歩(分)ずつの利子で五年間の分割を相違なく払い済ませます。後日のための証文は以上の通りです。

【用語】

済方《すみかた》　借財などの返済。

金子《きんす》　金銭、通貨のこと。一両＝四分で、「分」はここでは「歩」と書かれている。

実正《じっしょう》　確かなこと。間違いのないこと。

古文書解読検定

二級問題　合格点３点	
採点対象	（正解率）
五ケ年賦	81.7%
被下度段	73.3%
忝存候	50.0%
丑年ゟ巳年	65.0%
弐歩ツ、	38.3%

☞55頁 ☞79頁 ☞29頁 ☞88頁 ☞99頁

我等借用仕□方□五ケ年□ニ御極□□□段申入

済

儀

賦

被下度

これは「済」の旧字「濟」のくずし字です。右の「齊」のくずし字はのほかのようになると覚えておいてください。

これは「儀」ですが、「此儀」「此義」のように「義」と混用されます。解読の際は原文のまま「儀」とします。

偏は【貝】《かいへん》（☞93頁）、旁は「武」に見えます。「武」の代表的なくずしはです（☞110頁）。組み合わせて「賦《ふ》」（意味＝分割・割当て）となります。

は（被）と（下）の二字からなっています。はセットで「被下《くだされ》」のくずしだと見抜けるようになってください。は（度）をさらにくずした字形になっています。

候□御承知被下□存候□右金子弐両弐□我等

	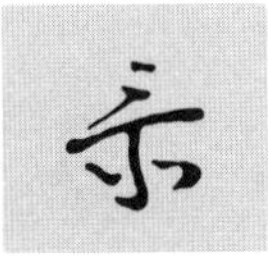		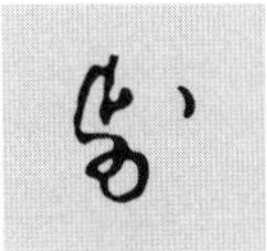
処	忝	則	歩

この字は「処」の旧字「處」のくずし字になります。上の部分が【虍《とらかんむり》】になっていることもヒントになります（☞103頁）。

これは「忝《かたじけな》い」と読む漢字で、代表的なくずし字はになると覚えてください。で「忝《かたじけな》く存《ぞん》じ候《そうろう》」となります。

偏は【貝《かいへん》】（☞93頁）、旁は【刂《りっとう》】（☞98頁）なので「則」となります。「則」は「すなわち」と読み、副詞で「すぐに」「ただちに」「即座に」。接続詞で「とりもなおさず」「言うまでもなく」「つまり」などの意味があります。

「歩」に見えます。文意からも「弐両弐□」でお金の単位と考え「歩《ぶ》」とします。なお、「歩」は「分」とする方が多く見られます。

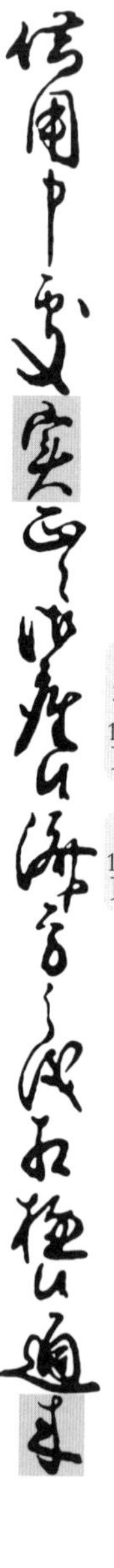

借用申処□正ニ御座候済方之儀相極候通□

☞29・107頁

☞168頁

実

来

「実」のくずし字です。「実正《じっしょう》」は頻出する熟語です。旧字体では「實」實となります。

頻出漢字の「来」です。

ほかにも・・・・などがあります（☞37頁）。

丑年□□年□壱か年ニ金弐歩□□五ケ年賦

より

巳

合字のは「より」と書かず、そのまま「ゟ」と書いてください（☞72頁）。

十二支の六番目「巳《み》」です。「巳」「已」「己」は同じくずし字に見えるので文意から考えてください（☞157頁）。行頭の（丑《うし》）は十二支の二番目です（☞179頁）。

迄

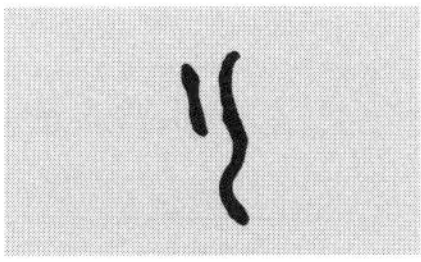

ツ丶

☞50頁 ☞47頁 ☞84頁 ☞48頁

無相□相済可申候為後日之一札□□如件

違

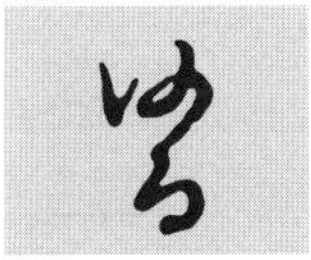

仍而

「迄」の異体字「迠」のくずし字です（☞55頁）。〜……で「〜より……まで」という表現で使われますから押さえておいてください。

ここだけ切り取ると読めません。最後は踊り字（くり返し記号）の「丶」になっているようです。このような場合は文意から考えます。「金弐歩」が毎年の利子を指すようなので、「弐《に》歩《ぶ》ツ《づ》丶《つ》」と解読するのが適切です。

【辶《しんにょう》】に「麦」で（「違」の異体字「⿺辶麦」）のくずし字です。

が書き止め表現だとわかれば「よってくだんのごとし」と推測できます。「よって」は「仍而」か「依而」ですから、「仍而」が適切です。

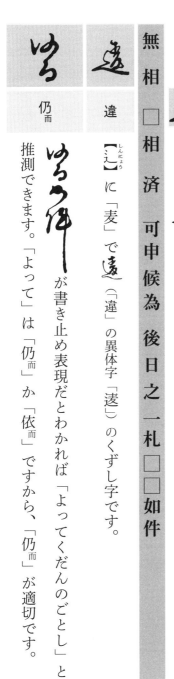

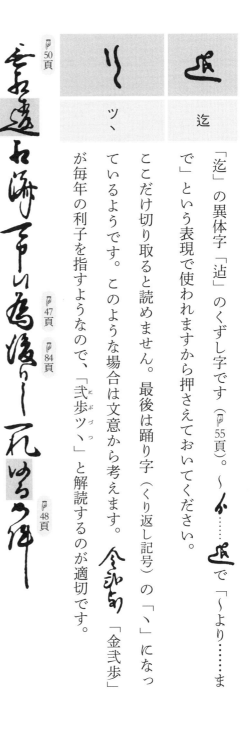

宗旨證文

一半次郎家妻子共代々禅宗ニ而當庵檀那紛無之
候、若御法度之宗門と申者有之候ハヽ
拙僧何方迄も罷出急度可申披候、為後日
仍如件

麻布
天真寺中
桂林庵

明和三丙戌年
十月 日

佐右衛門殿

【解読文】　常用漢字で解読し返り点を付けた上で、適宜ふりがなを振っています。

宗旨《しゅうし》証文《しょうもん》

一　半五郎　并《ならびに》　妻子共代々禅宗ニ而当菴檀那ニ
紛《まぎれ》無二御座一《（ござなく）》候若《もし》御法度之宗門与申者於レ有レ之者《（これあるにおいて）は》
拙僧《せっそう》何方《いずかた》迄茂罷出《まかりいで》急度《きっと》可二申披一《（もうしひらくべく）》候為二後日一《（ごじつのため）》
仍《よって》如レ件《（くだんのごとし）》

麻布
天真寺中
桂林菴

明和三丙戌《ひのえいぬ》年
十二月
家主
作右衛門殿

〔文意〕

宗旨証文

一　半五郎ならびに妻子どもは代々禅宗であり、当桂林菴の檀那であることは相違ございません。もし、幕府に禁じられている宗門の信者であるという者があるならば、僧の私がどこなりとも出向いてかならず釈明いたします。後日のため、（この証文は）以上の通りです。

麻布　天真寺中　桂林菴

明和三丙戌年十二月

家主　作右衛門殿

〔用語〕

宗旨証文《しゅうししょうもん》　仏教寺院が檀家であることを証明することを記した証文。ここでの「御法度之宗門」というのは主に幕府禁制のキリスト教を指すので、檀家がキリシタンではないという証明書の役割もある。

急度《きっと》　意味は「急に・たしかに・必ず・相違なく」。「屹度」と書かれることもある。

☞32頁 ☞62頁 ☞17・23頁 ☞25頁 ☞22頁

宗旨証文 一半五郎并妻子□代々禅宗ニ而□□□□ニ

共	当	菴	檀那

書き順はまず「一」を書き、次にと書いてとなっています。のようにもなり、右下のくずし字形に特徴があるので押さえておいてください。

【⺌《しょうがしら》】に下は「冨」のように見えます。これは「当」の旧字「當」です。

この証文の差出人・の部分でも使われており、「当□」から、寺院内の小さな住居である「庵《いおり》」が浮かび上がります。解読は「菴《あん》」、「庵」と同義です。

文意からは寺の檀家のことを指しているようです。は「檀」と読めます。は右が【月《つき》】か【阝《おおざと》】（☞97頁）と絞り込みます。また「那」を字母とする変体仮名の「な」（☞69頁）に似ています。つまり漢字の「那」ですから、組み合わせると「檀那《だんな》」で意味も通じます。

☞50頁
☞21頁

□無御座候若御法度之宗□与申者於有之□

紛《まぎれ》

門

者

【糸《いとへん》】（☞85頁）か【食《しょくへん》】（☞93頁）とまず候補を挙げておきます。旁は「分」のようです。組み合わせると「紛」が適切ということになります。で「まぎれござなくそうろう」となり文意も通じます。

これは「門」です。【門《もんがまえ》】の（☞108頁）と同様に、「つ」のように見えます。

名詞の「者」なのか、助詞の「者《は》」なのかを見極めてください。は「之《これ》有るに於いては」となりますので、助詞の「者」です。なお、同じ行のは「者」が大きく書かれており、名詞の「者」になりますので、「申《もうす》者《もの》」となります。

☞21〜23頁

☞36頁

□僧何方□茂□出□度可申□候為後日仍如件

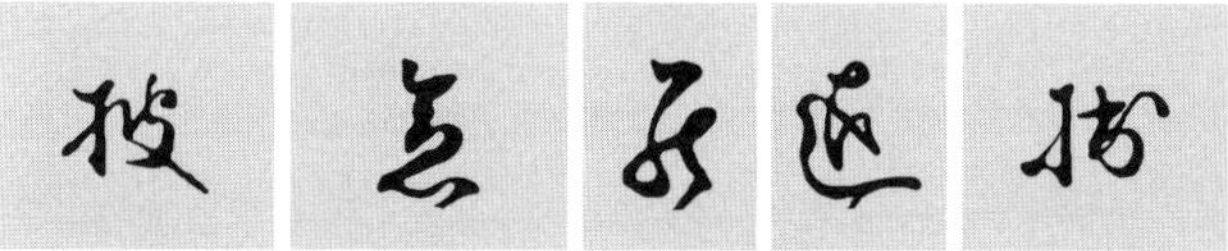

拙　迄　罷　急　披

【扌《てへん》】に「出」で「拙」です。「出」は頻出漢字でのように終筆に「丶」が付きます（☞36頁）。

【辶《しんにょう》】に「古」か「占」と読めます。これは「迠」で「迄」の異体字です（☞55頁）。

「罷《まかる》」も頻出漢字で、など上部が「一」になります（☞33頁）。

はと同じ「急」のくずし字です。下部が【心《こころ》】【灬《れんが》】（☞105頁）になっています。

読みは「ひらき」。「被」ではありません。右は「皮」（☞114頁）ですが、偏が【扌《てへん》】になっています。「披露宴」などで使われる「披」という漢字です。

麻布　天真寺中　桂林菴
明和三□□年十二月　家主　□□□□□

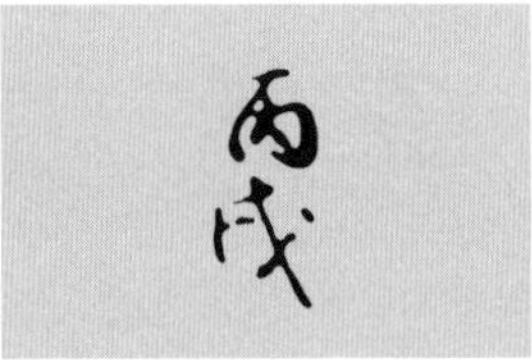

丙戌

作右衛門殿

十干の「丙《ひのえ》」と十二支の「戌《いぬ》」で「丙戌」、読みは「ひのえいぬ」となります。干支については次頁にまとめておきました。十干は右寄りに十二支は左寄りに比較的小字で書かれています。この場合は「丙戌」と表記してください。

は【イ《にんべん》】に頻出返読文字の「乍」なので「作」です。人名なので「作右衛門」か「作左衛門」と予想します。虫食いで欠けているのですが、「左」より「右」のくずし字の可能性大です。最後も虫食いですが宛名なので「様」や「殿」「へ」などが候補として挙げられ、「殿」と判断します。

▼干支《かんし》＝「えと」（十干《じっかん》と十二支《じゅうにし》）

十干										
	こう	おつ	へい	てい	ぼ	き	こう	しん	じん	き
	甲	乙	丙	丁	戊	己	庚	辛	壬	癸
	きのえ	きのと	ひのえ	ひのと	つちのえ	つちのと	かのえ	かのと	みずのえ	みずのと

十干は、中国古来の思想や易で説かれていた陰陽五行説《いんようごぎょうせつ》に基づき、万物の構成要素としての「木《き》・火《ひ》・土《つち》・金《か》・水《みず》」の五行にそれぞれ「陽」（え・兄）と「陰」（と・弟）に分け十種の漢字に配しています。たとえば甲は「木」の「陽」なので「きのえ」と読み、乙は「木」の「陰」なので「きのと」と読みます。

十二支												
	シ	チュウ	イン	ボウ	シン	シ	ゴ	ビ	シン	ユウ	ジュツ	ガイ
	子	丑	寅	卯	辰	巳	午	未	申	酉	戌	亥
	ね	うし	とら	う	たつ	み	うま	ひつじ	さる	とり	いぬ	い

注意！　鼠・牛・虎・兎・竜・蛇・馬・羊・猿・鳥・犬・猪　という表記はしません。
「私は犬年です」ではなく「私は戌年」が正しい表記になります。

江戸時代以前は西暦を採用しておらず、元号も頻繁に変わったので、二〇年前とか四〇年前とかの年数の計算は、干支を利用していました。十干と十二支の組み合わせで六〇通り（10と12の最小公倍数）で表します。六〇年サイクルで同じ干支に戻ることを還暦といいます。

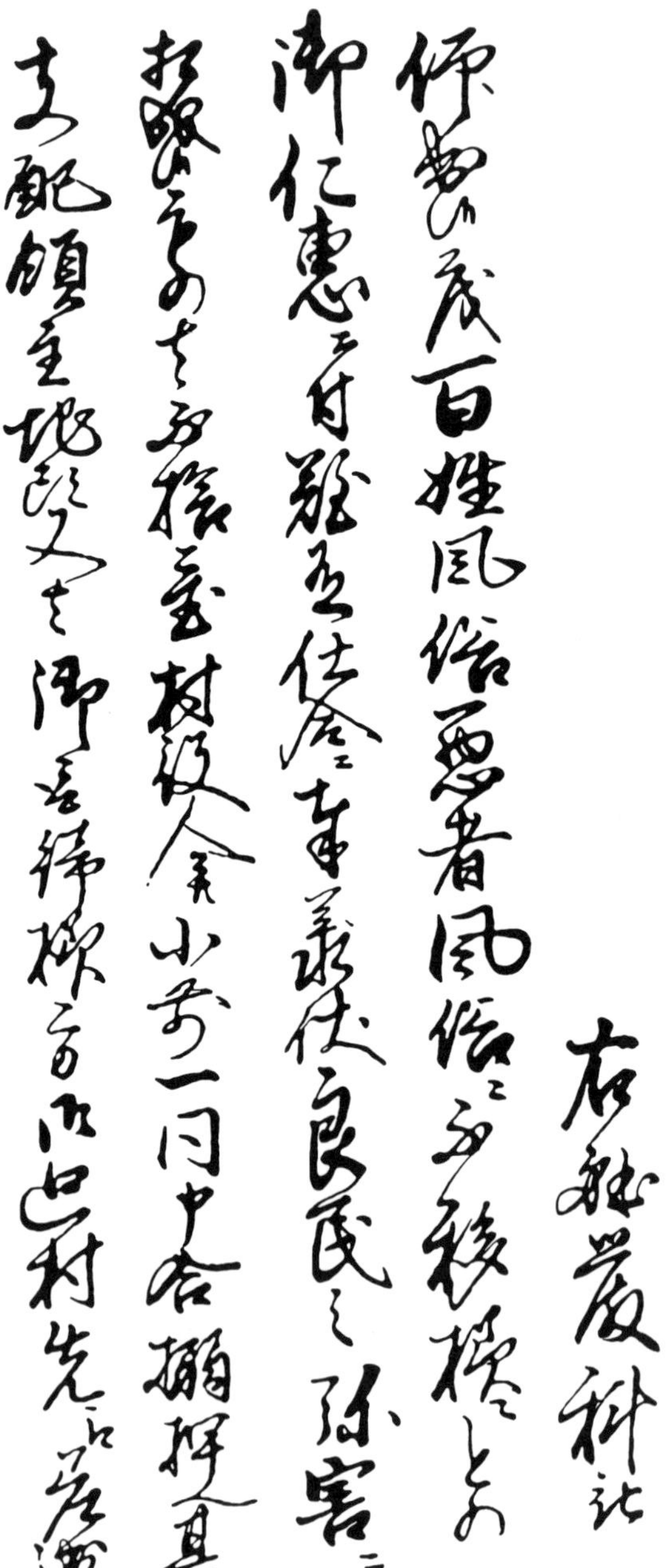

【解読文】　常用漢字で解読し返り点を付けた上で、適宜ふりがなを振っています。

右体《みぎてい》厳科《げんか》被二
仰出《おおせいだされ》一候茂百姓風俗悪者風俗ニ不レ移様《うつらざるよう》ニとの
御仁恵《ごじんけい》ニ付難《ありがたき》レ有仕合《しあわせ》ニ奉二承伏《しょうふくしたてまつり》一良民之弥《いよいよ》害ニ
相成候もの者不二捨置《すておかず》一村役人并《ならびに》小前《こまえ》一同申合搦押《からめおさ》へ其
支配領主地頭又者御取締様方御廻村《ごかいそん》先江差出し

【文意】

右のように厳罰相当と仰せになられましたが、百姓のしきたりが悪者のしきたりに変わってしまわないようにとのお情けについては、大変にありがたいと伏して承り、良民のますます害になる者がいれば放っておかず村役人、平百姓が協力して取り押さえ、支配領主、地頭、御取締様方の投宿先へ差し出し

【用語】

小前《こまえ》　平百姓。水呑百姓や小作人などの貧しい百姓をいう場合もある。

廻村《かいそん》　役人が査察などのため村々を巡回し投宿すること。

古文書解読検定

三級問題　合格点２点	
採点対象	（正解率）
不移様ニ	81.7%
承伏	73.3%
不捨置	50.0%
地頭	65.0%
御取締様	38.3%

☞45頁
☞48頁
☞30頁

右□厳科被□□候□百姓風俗□□風俗ニ不移様ニとの

体	仰出	茂	悪者

「身」に（「本」のくずし字）なので「躰」と読めます。これは「体」の俗字です。

「仰」も「出」も右に点があることを確認してください（☞36頁）。

これは「も」と読む変体仮名ですが「茂」と小字で右寄せして解読します（☞21～23頁）。ここでは「茂」が大きく書かれているので「も」としても間違いではありません。

とに分けて考えると「西」「心」と読めますが、漢字として考えれば「悪」が浮かび上がります。「者」が出てきた場合は、「者《もの》」か「者《は》」、文意が通る方を採用してください（☞176頁）。ここは「悪者《わるもの》」になります。

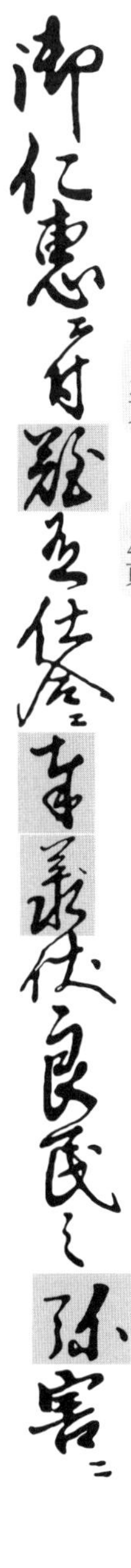

☞39頁
☞49頁

御仁恵ニ付□有仕合ニ□□伏良民之□害ニ

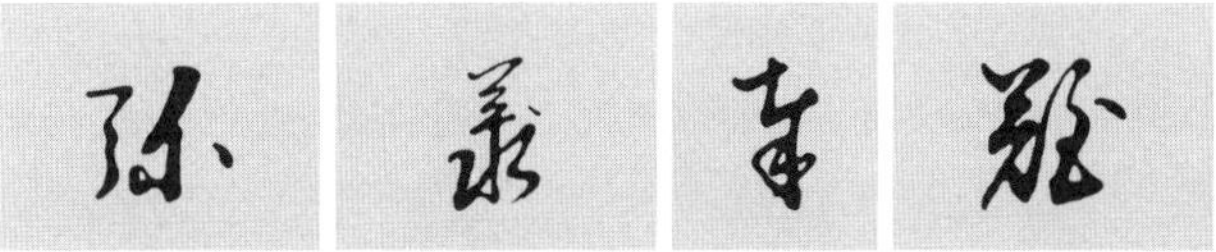

難　奉　承　弥

右側が【隹《ふるとり》】であることが見抜けるかどうかです。

【隹《ふるとり》】はまずの三つを覚えておいてください（☞100頁）。

返読文字の「奉」です（☞53頁）。などのくずし字形があります。

これは「羕」で「承」の異体字になります（☞55頁）。訓読みでは「うけたまわる」ですが、ここは「承伏《しょうふく》」となります。

【弓《ゆみへん》】から「弥」につなげてください。「弥」一字で「いよいよ」と読みます。

【弓《ゆみへん》】はのように、くびれが三つになるのが特徴です（☞86頁）。

☞21～23頁
☞38頁

□□□もの者不□置村役人□小□一同申合搦押へ其

相成候

捨

并

前

「相」の左側は【扌《てへん》】のように書かれます（☞89頁）。「相成候《あいなりそうろう》」と読みます。【扌《てへん》】で、右上はなので【𠆢《ひとやね》】、右下は「口」のくずしになっているので組み合わせて「捨」となります。で「不ニ捨置一《（すておかず）》」になります。

これは「並」と同音同意語で「ならびに」と読む接続詞です。「并ニ」と書かれることもあります。「并」は小さく書かれている場合は「并」と右寄せ小字で解読します（☞23頁）。

分解するとは【艹《くさかんむり》】、は【刂《りっとう》】を含んでいると見抜いてください（☞98頁）。答えは「前」です。「前」の標準的なくずし字はになります。

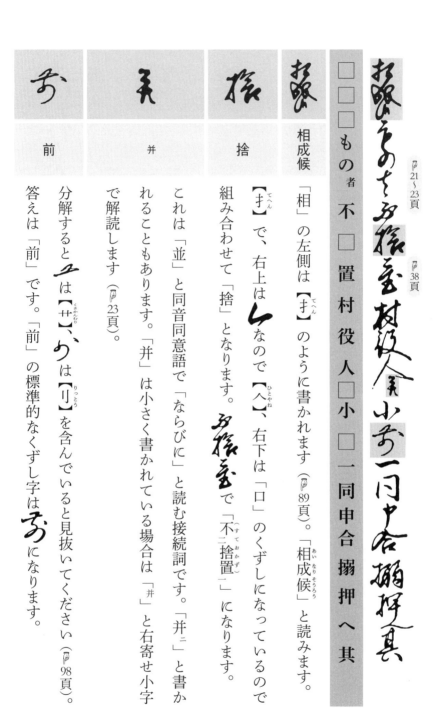

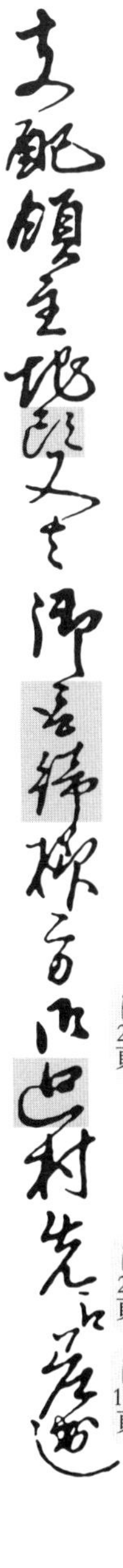

☞29頁 ☞21頁 ☞112頁

支配領主地□又者御□□様方御□村先江差出し

頭

取締

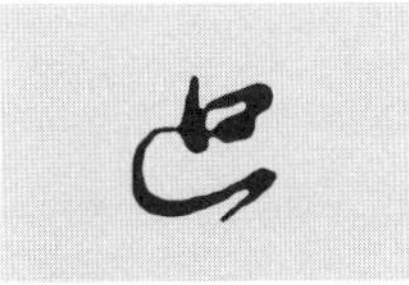

廻

は旁の部分が【彡《さんづくり》】【頁《おおがい》】【欠《あくび》】のいずれかです（☞96頁）。これは「頭」の標準字形を押さえていれば読めます。

は「取」です（☞35頁）。は【糸《いとへん》】（☞85頁）で、右の下部が「巾」に見えるのをヒントに「締」を導いてください。

この字はまず【辶《しんにょう》】（☞110頁）か【廴《えんにょう》】（☞111頁）で考えます。その上に「口」に似た字形があるところから「廻」につなげてください。次が「村」になっているので「廻村」となります。

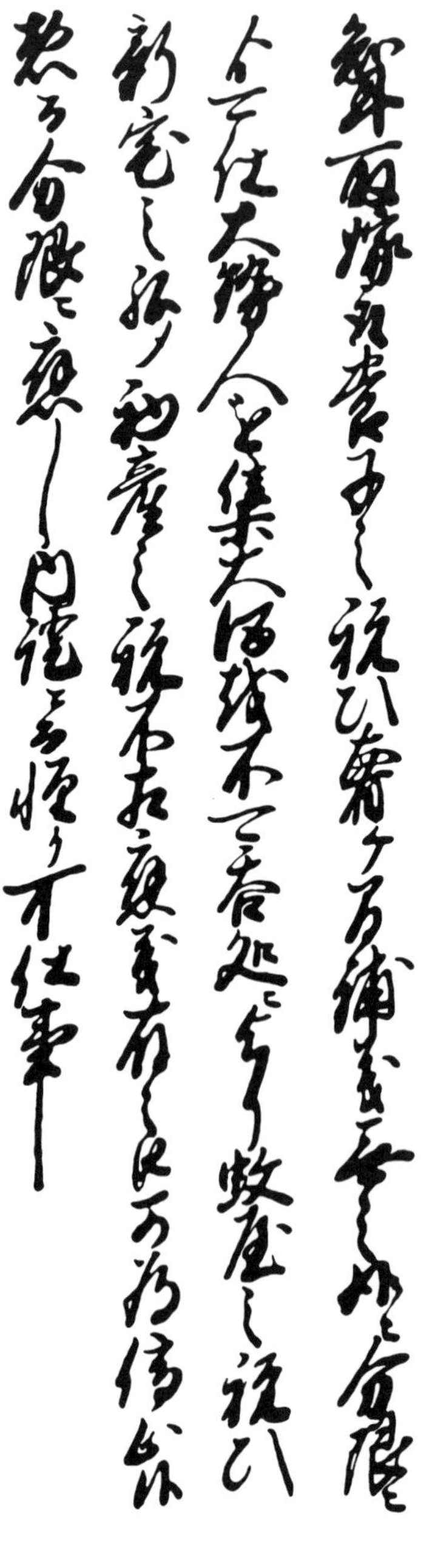

【解読文】　常用漢字で解読し返り点を付けた上で、適宜ふりがなを振っています。

聟《むこ》取《とり》嫁《よめ》取《とり》養子之祝ひ奢《おごり》ケ《が》間《ま》鋪《しき》義無レ之《（これなき）》様《よう》ニ分限《ぶんげん》ニ
令可レ仕《（つかまつるべし）》大勢人を集《あつめ》大酒を不レ可レ呑《（のむべからず）》処により蚊屋《かや》之祝ひ
新宅之弘メ初産《ういざん》之祝不相応《ふそうおう》之《の》義《ぎ》有レ之《（これある）》由《よし》可レ為二停止一《（ちょうじたるべく）》候
惣《すべ》而《て》分限ニ応《おう》し《じ》内証《ないしょう》ニ而軽ク可レ仕《（つかまつるべき）》事《こと》

【文意】
聟取りや嫁取り、養子縁組の祝い事はぜいたくにならない様、分相応に行うように。大勢の人を集めたり、大酒を呑むべきではない。ところによっては、蚊帳ごしらえの祝い、新宅の披露、初産の祝いなど分不相応になっているとのことだがやめさせるべきである。すべて分相応に内々に軽く致すべき事。

【用語】
蚊屋《かや》　夏の夜などに蚊や害虫を防ぐため寝床に吊るす道具で蚊帳《かや》とも書く。江戸時代では、蚊屋ごしらえは大仕事で完成すると祝いの場を設けた。
停止《ちょうじ》　差し止めること。やめさせること。「ていし」ではなく「ちょうじ」と読む。

古文書解読検定

三級問題　合格点２点	
採点対象	（正解率）
養子	63.3%
奢ケ間鋪	36.7%
大酒	56.1%
可為停止	44.9%
内証ニ而	36.7%

☞91頁
☞108頁
☞17頁

□□嫁□養子之祝ひ□ケ間□義無之□ニ分限ニ

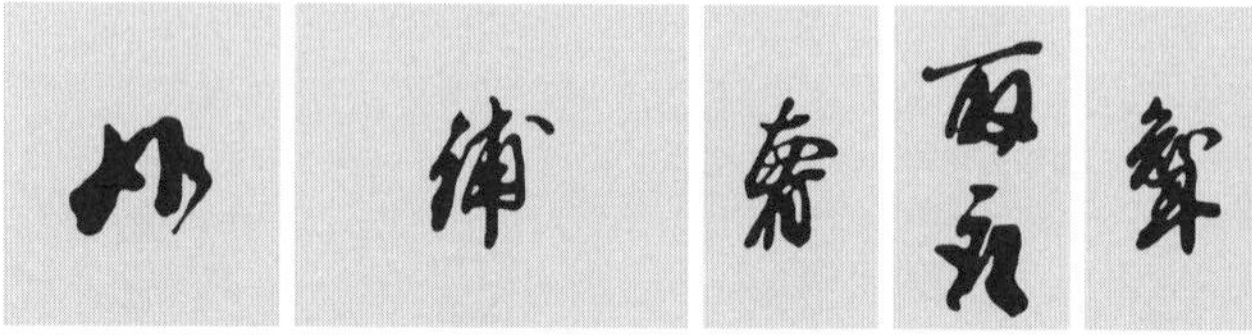

婿　取　奢　鋪　様

上が「知」、下が「耳」なので「聟《むこ》」になります。「聟」は「婿」の俗字です。

「取」は頻出漢字で、のくずし字が基本です（☞35頁）。

上が「大」、下が「者」なので「奢《おごり》」、意味は「ぜいたく」です。

旁は「甫」と読めます。偏は【金《かねへん》】のに似ています。ここは「〜らしい・〜っぽい」を意味する「ケ間鋪」につなげられるかが鍵になります。「奢《おごり》ケ《が》間《ま》鋪《しき》義《ぎ》」で「ぜいたくっぽいこと」というような意味です。「鋪」は「敷」でも書かれます。

この一字だけで解読するのは困難です。「無之□ニ」から「之《これ》無き様に」と推定できます。「様」は頻出漢字で、いろいろなくずしがあります（☞30頁）。

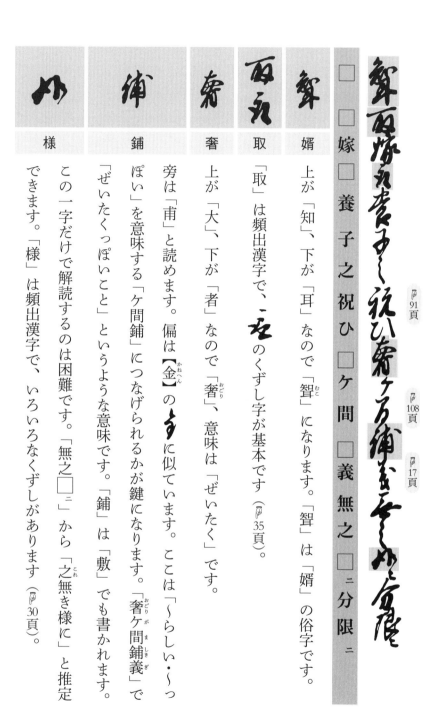

☞107頁

ゟ可仕大□人を集大□□不可呑処ニ□□蚊屋之祝ひ

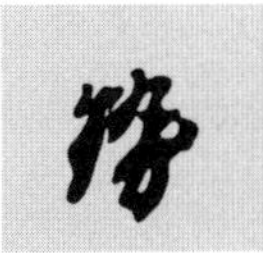
勢

酒

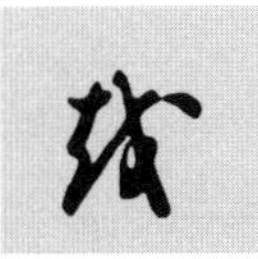
を

より

分解すると「生」「丸」「力」と読めます。これは「勢」で「勢」の異体字です（☞57頁）。

偏のは【氵《さんずい》】（☞82頁）が第一候補です。旁は「西」のように見えるので「酒」と推定します。この後に「呑《のむ》」が出てくるので「酒」が適切となります。

「越」ですが、漢字のまま解読すると意味が通じません。「越」は変体仮名の「を」（☞71頁）ですから、ここでは「を」と解読すれば「大酒を」となります。

「与」「り」です。「与」は変体仮名の「よ」の字母（☞70頁）なので「より」と読むのが適切です。合字の「ゟ《より》」（☞72頁）はもともとは「よ」と「り」が合わさってできていますが、ここでは「ゟ」とせず「より」と解読します。

47頁

新宅之□□初産之祝不相□義有之□可為□□候

弘メ

応

由

停止

偏のは【糸《いとへん》】【歹《かばねへん》】【子《こどもへん》】【弓《ゆみへん》】のどれかです。旁が「ム」と読めるので、「弘」しか漢字として成立しません。はカタカナの「メ」で「弘メ」となります。

上部は【广《まだれ》】、下部は【心《こころ》】に見えます。「不相□」なので「不相応」につなげます。ここでは「応」の旧字「應」で書かれています（61頁）。

読みにくい場合は、前後の文脈から考えるのが有効です。「これある□」となっているので「之《これ》有る由《よし》」が適切です。「由」は「～のこと」「～とのこと」の意味で、次のように使われます。

例　
違乱之由

死去之由

が「止」（114頁）であることをヒントに「停止《ちょうじ》」につなげます。

□□分限ニ応し内□ニ而□ク可仕事

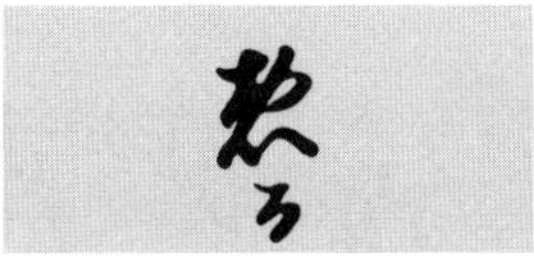

惣而

証

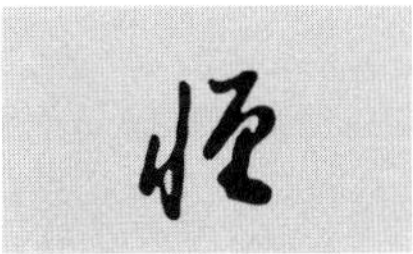

軽

は小字になっているので「而《て》」です。上の字は【扌《てへん》】、「力」「心」に見えますが、適切な漢字が浮かび上がりません。文意から「すべて」と推定できれば、「惣」につながります。「惣」は「惣村」「惣領」など江戸時代ではよく使用される漢字です。「総」の俗字なので「総而」と解読してもかまいません（☞59頁）。

「証」の旧字「證」です。は【言《ごんべん》】、は「登」と読めれば「證」につながります。「登」のくずしは・などがあります（☞104頁）。

偏はになる【忄《りっしんべん》】か【巾《はばへん》】に見えますが、適切な漢字がありません。「□ク」となっており、内容が派手な祝い事を禁止するものであることから「軽く」と想定できます。は【車《くるまへん》】のをさらにくずした字です（☞94頁）。

御懇ろに御意を得候て同寺清水へ罷登地居店借書き申し候に付仕舞申し候間清水夜二迄り候て御覧可被下候事

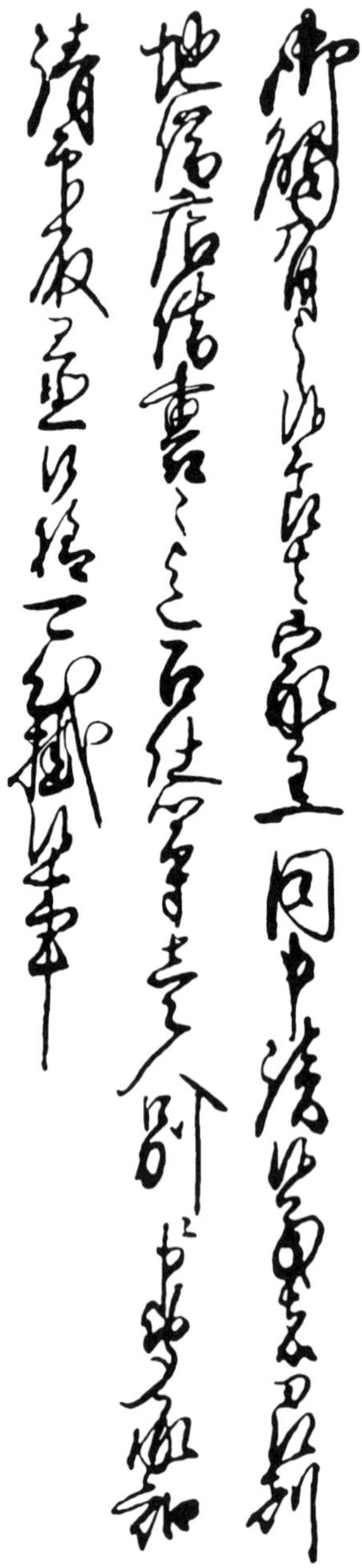

【解読文】 常用漢字で解読し返り点を付けた上で、適宜ふりがなを振っています。

御触《おふれ》有レ之《(これあり)》候節者家主《やぬし》一同申談《もうしだんじ》候義者即刻
地借《じがり》店借《たながり》裏々迄召仕《めしつかい》等壱人別ニ申聞《もうしきかせ》承知
請印《うけいん》取置候様可ニ心掛《(こころがけるべく)》一候事

【文意】

役所からの命令があった時は、家主同士で相談して、すぐに土地・家の借主、裏長屋住まいの者まで、召仕など一人ずつ別々に申し聞かせ、承知したとの請け印を取り集めるよう心掛けるべきこと。

【用語】

御触《おふれ》 役所などから一般民衆に出す命令書。または御触書《おふれがき》（幕府の命令を関係の役所や、町役人・村役人を通じて、一般庶民に伝える文書）の略語。

地借《じがり》 家を建てるために、土地を借りること。また、その人。

店借《たながり》 家を借りて住むこと。また、その人。

☞21～23頁
☞17頁
☞17頁
☞102頁

御□有之候□者家主一同申□候義者□□

これは【角《つのへん》】です（☞93頁）。【角《つのへん》】の漢字は「解（觧）」と「触（觸）」を覚えておけばだいたい対応できます。両方とも（　）内の異体字・旧字がくずされています。ここでも「触」の旧字「觸」になります。

下部は「即」に見えます。上部はかなりくずされており難読です。これは「節」をくずした字で、意味から「之《これ》有り候」「節」（時・場合）と考えて導き出します。

右側は「炎」ですが、「談」はが標準的なくずし字形です。このはさらにくずされています。「申談」で申し述べて相談するという意味になります。

は右の（節）の下部「即」と似ています。は「刻」と読めるので、「即《そっ》刻《こく》」とすれば意味も通じます。

触

節

談

即刻

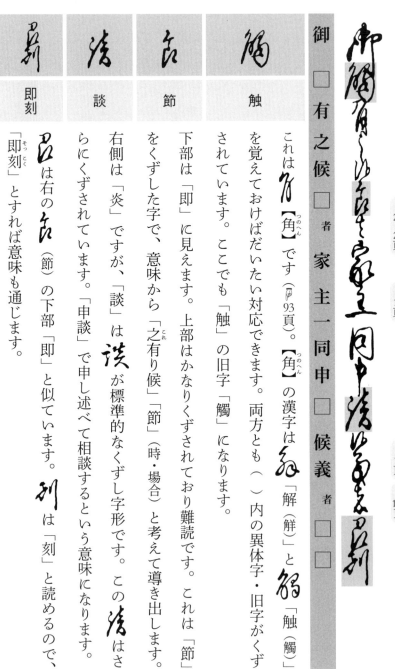

☞24～25頁　☞46・55頁

地□店□□々□召仕等壱人別ニ申□承知

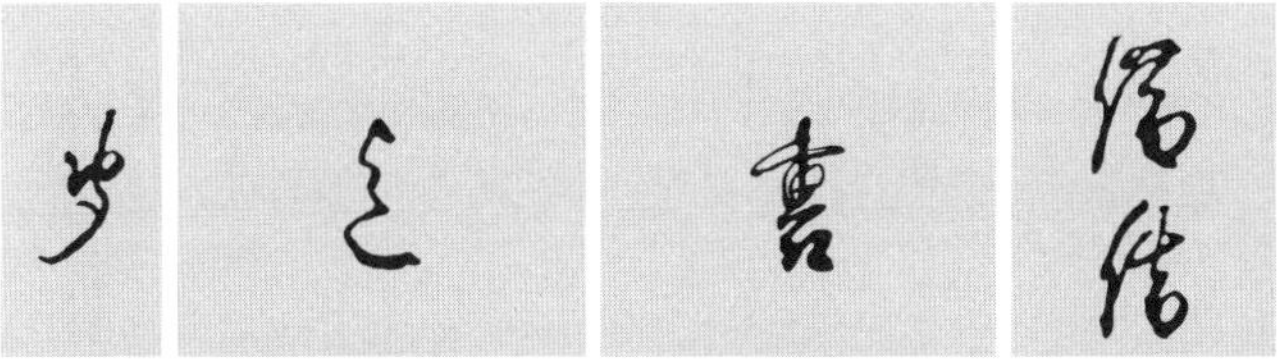

借　裏　迄　聞

【イ】《にんべん》に「昔」で「借」です（☞79頁）。「昔」のくずし字は押さえてください。
「地借《じがり》」「店借《たながり》」の読みに注意！

見た目からは「重」と「衣」に見えます。すると「裏」が浮き上がります。「裏」のくずしには・などがあります。ここでの「裏々」の意味は「裏長屋の者」となります。

【辶】《しんにょう》にを組み合わせて考えます。は「乞」のようです。すると「迄」が浮かびます。なお「乞」は変体仮名の「を」の字母であること（☞71頁）、「迄」には異体字（迠）があること（☞55頁）も押さえておいてください。

「聞」は【門】《もんがまえ》に「夕」と覚えてください。頻出漢字です（☞38頁）。

請□取置候□可□掛候事

☞38頁

印	様	心

「印」は偏と旁を分けて考えるのでなく、代表的な字形を覚えましょう。

これは頻出漢字の「様」ですが、いろいろなくずしがあるので押さえてください（☞30頁）。くずしの程度で示すと・・・のようになり、ここでのはに似ています。「様」は人名や官職に付ける「〜様《さま》」や、「〜候様《よう》」「無《（これなき）》レ之様《よう》」などで使われます。「様」と推定した時は、「様」で文意が通じるか確認するようにしてください。

これは「心」です。漢字の脚部にある【心《こころ》】はかになりますが（☞105頁）、漢字の「心」は・が基本的なくずしです。「心」の次の字が「掛」なので、「心掛《こころがけ》」で文意も通じます。

第三章　演習問題出典一覧

❶「雑話記」。主に戦国時代の武将の逸話を集めた短編集。「乾の巻」と「坤の巻」の二巻からなる。全部で四〇〇頁にわたっている。作者は不明。写本。

❷❸「武蔵国何郡何組合何村何宿戸籍」。明治初期、浦和県庁の文書。写本。

❹❺「御諸用留」。駿河屋作右衛門による筆写本。店の証文類を集めて残した記録帳。寛文二（一六六二）年～文化一三（一八一六）年の記録。

❻「御改革組合連印帳」。文政一〇（一八二七）年一一月新町宿寄場五一ケ村（群馬県藤岡市）組合の連印帳。

❼「御仕置五人組帳」。河内国若江郡長田村（大阪府東大阪市）に残る文書で、五人組の統制に関する内容が二四紙に綴られている。宝暦一一（一七六一）年に作成されている。

❽「家守杖《やもりづえ》」。著者桃井欽三。嘉永六（一八五三）年に出版された。家を守る者の心得を三〇ケ条にわたって記した教訓書。教材は写本。写本年、写本者ともに不明。

「古文書解読検定」について

二〇一五年より始まった本邦初の古文書の解読検定試験です。主催は一般社団法人古文書解読検定協会で、合格者は全国で一、四〇〇名に達しています。

認定試験は、三級・準二級・二級は郵送試験（問題を郵送し一カ月間で解読文を返送する）になります。準一級・一級は会場試験（全国一三会場）です。合否結果には、得点別人数・問題別平均点も合わせてお伝えしますので、解読力のレベルを知ることができます。

ご興味のある方は、古文書解読検定協会へ、インターネットまたはおハガキで「検定案内パンフ」を郵便番号・住所・お名前・電話・年齢をご記入の上ご請求ください。詳しくは協会ホームページも開設していますのでインターネットから「古文書解読検定」で検索してください。

おハガキでの検定案内パンフ請求先

〒192-0082　東京都八王子市東町6-8-202　古文書解読検定協会宛

著者略歴　小林 正博（こばやし まさひろ）

1951年東京生まれ。博士（文学）。

現在、一般社団法人古文書解読検定協会代表理事、日本古文書学会会員、東京富士美術館評議員、学園都市大学古文書研究会顧問。

生涯学習インストラクター古文書1級、博物館学芸員、図書館司書。

著書に『日本仏教の歩み』、『日蓮の真筆文書をよむ』（いずれも第三文明社）、『日蓮大聖人御伝記――解読・解説』（USS出版）、『読み書きで楽しく学ぶ くずし字入門』（宝島社）、『読めれば楽しい！ 古文書入門』『これなら読める！くずし字・古文書入門』『書ければ読める！ くずし字・古文書入門』『いろはで学ぶ！くずし字・古文書入門』『ここからはじめよう！くずし字・古文書入門』（いずれも潮新書）、編著に『実力判定 古文書解読力』『誤読例に学ぶくずし字』（いずれも柏書房）がある。

漢字《かんじ》を極《きわ》める！ 古文書解読《こもんじょかいどく》ことはじめ

2024年6月10日　第1刷発行

著　者　小林　正博
発行者　富澤　凡子
発行所　柏書房株式会社
〒113-0033　東京都文京区本郷2-15-13
Tel.03-3830-1891（営業）
03-3830-1894（編集）

装　丁　藤塚尚子（etokumi）
組　版　梶川貴子
印　刷　壮光舎印刷株式会社
製　本　株式会社ブックアート

ISBN 978-4-7601-5562-0